ABRÉGÉ
LATIN
DE
PHILOSOPHIE.
SECONDE PARTIE.

ABRÉGÉ

LATIN

DE PHILOSOPHIE,

AVEC

UNE INTRODUCTION

ET DES NOTES FRANÇOISES.

Par M. l'Abbé HAUCHECORNE,
de la Maison & Société de Sorbonne,
Professeur de Philosophie au College des
quatre Nations.

SECONDE PARTIE.

A PARIS,

Chez l'Auteur.

M. DCC. LXXXIV.

Avec Approbation & Privilege du Roi.

TABLE
DES MATIERES

CONTENUES dans ce second Volume.

PHYSICA *generalis,* page 4
Generaliores corporum proprietates, 5 & seq.
Leges. motûs, 11

MECHANICA GENERALIS,

seu

DYNAMICA. 13

Leges motûs generales, ibid & seq.
Leges motûs speciales, 18
De Motu rectilineo simplici & uniformi, ib.
De Motu composito & uniformi. 22
De Communicatione motûs & legibus colli-
sionis directæ, 30
Leges corporum non elasticorum, 32
Hypothesis I, 33
Hypothesis II, 34
Hypothesis III, 35
Leges corporum elasticorum, ibid.
Hypothesis I, ibid.
Hypothesis II, 37
Hypothesis III, 38
Leges collisionis obliquæ & excentricæ, 39
Hypothesis I, ibid.
Hypothesis II, 41
De obliquo transitu globorum per varia

media, seu de refractione motûs,   45

De Motu accelerato & retardato corporum gravium,   49

De centro gravitatis,   56

MECHANICA SPECIALIS,

seu

STATICA,   61

LA GÉOSTATIQUE,

OU DES MACHINES,   66

Machines simples,   67
Le Levier,   ibid.
La Poulie,   69
Le Treuil,   70
Le Plan incliné,   72
Le Coin,   73
Les Cordes,   ibid.
Machines composées,   74
La Balance & la Romaine,   ibid.
Les Mouffles,   75
La Grue,   76
Les Roues dentées,   77
La Vis,   78

DE HYDROSTATICA,

seu

De Fluidorum Æquilibrio,   80

TABLE.

AEROMETRIA,
seu
DE PROPRIETATIBUS ET EFFECTIBUS AERIS ,

DE PROPRIETATIBUS ET EFFECTIBUS AERIS ,   89

PHYSICA SPECIALIS ,   99

ASTRONOMIA ,   100

De Astronomia visibili , seu de Sphera armillari ,   101
De Astronomia systematica ,   120

OBSERVATIONS SUR LES CORPS CÉLESTES ,   121
Des Etoiles fixes ,   ibid.
Des Planetes ,   126
Des Phases de la Lune ,   132
Des Cometes ,   137
Systema Ptolomaïcum ,   140
Rejiciendum est systema Ptolomaïcum ,   143
Systema Copernicanum ,   144
Admittendum est systema Copernicanum,   147
Solvuntur objectiones ,   159
Explication des Eclipses ,   164
Eclipses de Lune ,   165
Eclipses de Soleil ,   168
Systema Tychonicum ,   171
Rejiciendum est systema Tychonis ,   172

DE ASTRONOMIA PHYSICA ,   173

Systema Carthesianum ,   ibid.

TABLE.

Rejiciendum est systema Carthesianorum, 176
Systema Newtonis, 177
Admittendum est systema Newtonis, 181
Solvuntur objectiones. 191
Æstus maris reciprocus, 194

GEOLOGIA, 205

De Lumine, 206
De Coloribus, 211
De Sono, 215
Sonus ex parte corporis sonori consistit in motu tremulo & vibratorio partium insensibilium illius corporis, 217
Sonus ex parte medii quo ad nos usque pervenit, consistit in motu tremulo & reciproco aëris, 218
De Saporibus, 220
De Odoribus, 222
De Calore & Frigore, 223
De Corporum duritie, mollitie, liquiditate & elasticitate, 224

DE METEORIS, 226

Météores ignés, ibid.
Météores aëriens, 231
Météores aqueux, 235
Des Tubes capillaires, 238
Notions sur les différentes especes d'air, que l'on désigne par le nom d'air fixe, 244
Des différentes especes d'air fixe, 247
De l'air fixe proprement dit, 249
De l'air nitreux, 255
De l'air inflammable, 257
Des Globes Aërostatiques, 262

FIN de la Table.

AVERTISSEMENT.

AVERTISSEMENT.

DUT-ON m'accufer de demander des éloges, je ne puis m'empêcher de dire que j'ai vingt fois attaqué l'Analyfe de la Phyfique, & reculé vingt fois. Comment refferrer dans les limites de ce qu'on appelle *Compendium*, une fcience fi étendue & fi chargée de divifions ? Falloit-il ne donner que les queftions qu'on a coutume d'agiter dans les examens? Mais que devenoit alors le fil de toute la Phyfique ? Et d'ailleurs, que de points intéreffants ne font jamais l'objet des examens publics ! Devois-je fuivre la marche rigoureufe du calcul ? C'étoit mettre mon Ouvrage hors de la portée de ceux pour qui je l'ai fait. Aurois-je pu fuppléer à ce défaut par un Abrégé des Mathématiques ? Je ne les en crois pas fufceptibles, & un *Compendium* d'Algebre me paroît un projet ridi-

II. Partie.   A

cule. Voilà quel a été l'embarras où je me trouvois : je ne m'en fuis pas tiré ; mais au moins j'ai pris, fi je ne me trompe, le feul parti qu'il y avoit à faifir, c'eft-à-dire, que j'ai lié par des Notes françoifes toutes les queftions phyfiques, & défini, fans en interrompre la chaîne, les divers principes mathématiques qu'elles fuppofoient.

PHYSICA.

P HYSICA definitur scientia quæ contemplatur corpus prout *naturale* est, id est, quatenus intimis quibusdam constituitur principiis, variisque præditum est proprietatibus; hæc autem *contemplatio* experientiæ ratiociniique face, nititur : hinc quidam distinxerunt Physicam in *scientificam* & *experimentalem* ; cumque materiæ proprietates, aliæ sint omnibus corporibus communes, aliæ quibusdam corporum classibus propriæ, Physica *generalis* dicta fuit & *particularis.* Generalis : cujus studium circa proprietates communes versatur. Particularis : quæ speciales corporum affectiones indagat.

A 2

PHYSICA GENERALIS.

PHYSICA generalis in duplicem sectionem à scholasticis divisa fuit, quarum una *essentiam* materiæ, altera *proprietates* materiæ generaliores examini subjiceret.

Pars prior tam intricatis, infructuosisque Philosophorum litibus riget, ut ab ea satiùs abstinere duxerim (1). Proprias quoque sibi nec

---

(1) Rien ne tient à l'homme de plus près que l'esprit & le corps, & rien de plus caché pour l'homme que la nature de ces deux substances ; il en sait assez pour les distinguer l'une de l'autre, & les longues, les obscures disputes des plus grands Philosophes, ne lui prouvent que trop qu'il doit se contenter de cette foible connoissance. Tous les efforts de la curiosité humaine n'ont servi jusqu'ici qu'à fixer les bornes étroites de notre entendement, & à nous forcer d'avouer notre foiblesse & notre ignorance : pour s'en convaincre, il suffit de jetter les yeux sur les systêmes des Péripatéticiens, de Gassendi & de Descartes : ils ont tous cherché les principes

minores forſan ambages habet poſte-
rior quoad plurimas quæſtiones, ſed
iis declinatis ad utilia ſtatim & clara
pergemus.

Itaque generaliores corporum proprietates vulgò aſſignantur; corporis
quantitas, *figurabilitas*, *poroſitas*,
impenetrabilitas & *mobilitas*.

Quantitas corporis ea proprietas
eſt vi cujus corpus in longum, la-
tum & profundum, id eſt, *juxtà tri-*
nam dimenſionem diffunditur; iiſdem
fermè ſubjacet difficultatibus quibus
eſſentia materiæ; quæritur enim quæ-
nam ſint prima principia ſeu elementa

---

conſtitutifs des corps; cette étude leur a
coûté bien des années & des fatigues;
qu'ont-ils trouvé? Parmi les Péripatéticiens, les uns ont affirmé que l'*eſſence* de
la matiere conſiſtoit dans une certaine
étendue radicale, ou *aptitude* à recevoir
l'étendue : les autres l'ont miſe dans la
pluralité des parties. Gaſſendi a choiſi une
étendue impénétrable, & Deſcartes y ſubſ-
titua *l'étendue actuelle*, c'eſt-à-dire, cette
étendue ſenſible qui frappe nos yeux; à
peine entend-on ce qu'ils ont voulu dire :
au reſte, ceux qui aiment à ſe repaître de
ces ſortes de ſubtilités métaphyſiques, ont
tout lieu de ſe ſatisfaire dans les *in-folio* des
Bibliotheques.

quantitatis ; an extenfa dici debeant, an verò fimplicia ; hinc famofa quæftio de divifibilitate materiæ in *infinitum* (1) quam infolutam quinimo in-

---

(1) Zenon parmi les anciens, & Leibnitz parmi les modernes, ont affigné à la matiere des *points fimples* pour éléments : les points du Philofophe Grec ont confervé le nom *de points Zenoniques* ; le Philofophe Allemand appella les fiens des *Monades*, & en fit des êtres actifs & capables de penfer. Les Péripatéticiens & Defcartes ont oppofé aux points fimples, des parties toujours compofées d'autres parties inférieures : ainfi avec les points fimples, les divifions de la matiere s'épuiferont, & l'on en viendra aux éléments primordiaux & indivifibles ; avec les parties compofées à l'infini de parties ultérieures, la matiere fera divifible à *l'infini* : lequel admettre ? Veut-on des *éléments* ? Il faut certainement parvenir à un point où la décompofition ne foit plus poffible ; donc fi la matiere a des éléments, & elle doit en avoir, ces éléments ne peuvent être qu'un principe indiffoluble & fimple : d'un autre côté, fi nous divifons une portion de matiere, nous y trouvons deux moitiés , ces deux moitiés en donnent deux autres, les troifiemes en fournifsent de nouvelles, & ainfi de fuite, jufqu'à la derniere divifion ; mais cette derniere divifion doit encore laifser deux moitiés, autrement il n'y eût eu rien de divifé précédemment : donc il eft impof-

folubilem vir phyficus fateri non erubefcit, afferendo duntaxat & experimentis confirmando materiam effe divifibilem in partes *numero incredibiles* (1).

Figurabilitas corporum eft partium materiæ difpofitio, tum inter—

---

fible de trouver des éléments fimples, & la matiere eft divifible à *l'infini*. Voilà les raifonnements des deux partis ; ils ont été foutenus par une infinité d'hypothefes & de démonftrations géométriques : il y en auroit bien un troifieme, mais qui ne fatisferoit pas un Métaphyficien, ce feroit de dire : ,, Les éléments de la matiere font ,, les parties que Dieu trouveroit s'il divi- ,, foit la matiere autant qu'elle peut être ,, divifée ,,. Il faut avouer que toutes ces difputes n'ont fait que retarder la véritable phyfique.

(1) Un grain de carmin rougit l'eau dont eft rempli un grand vafe.

Un grain d'encens fe répand dans toutes les parties d'un vafte temple.

Une petite phiole d'efprit-de-vin dilaté par le feu embaume une falle pendant plufieurs heures fans une diminution fenfible.

Les fleurs parfument l'air fans altération dans leur forme.

Un grain d'or réduit en feuilles préfente vingt-quatre millions de parties vifibles fans microfcope, &c. &c.

na, tum externa : interna vocatur *forma* ; externa verò *figura.*

Scholastici docuerunt *formam* in corporibus agere vices *differentiæ*, & distinxerunt materiam *primam*, à materia *secunda*, remque in se claram suo more arteque sua obscurârunt (1).

Figura seu superficies corporum est partium ultimarum ordo qui spectatur ut involucrum seu quoddam tegumentum molem corpoream

---

(1) Les Péripatéticiens introduisirent les *formes substantielles* : & qu'étoit-ce que ces formes substantielles ? Ils ne le savoient pas eux-mêmes : ce n'étoit point une ame, ce n'étoit point un corps ; c'étoit une certaine chose dont on n'avoit pas d'idée. Ces rêveries substantielles eurent une grande vogue jusqu'à Descartes, qui les dissipa : Leibnitz, quelque temps après, proposa ses Monades pour principe actif de la différence & des propriétés des corps: Cudwort & Grew inventerent, mais surtout pour les corps vivants, les *formes plastiques*; c'étoit bien, à peu de chose près, les *formes substantielles* du Péripatéticisme : il a fallu, comme on voit, bien des erreurs pour en venir à cette vérité si simple, *que la forme des corps n'est qu'une disposition particuliere & méchanique des parties internes.*

terminans & operiens ; hinc , ut patet, non eſt aliquid à corpore diſ-tinctum, ſed quidam duntaxat extre-mitatum corporis exiſtendi modus.

Poroſitas eſt proprietas quâ inter corporis particulas quædam interci-piuntur ſpatiola , quæ dicuntur *pori* (1).

Impenetrabilitas ea proprietas eſt quâ corpus aliquod ita in certo quo-dam ſpatio exiſtit, ut alterius cor-poris in eadem ſpatii parte coexiſ-tentiam excludat ; ſeu proprietas eſt quâ fit ut corpus aliquod corporis alterius dimenſiones occupare non poſſit (2).

---

(1) De toutes les expériences qui conſta-tent la poroſité des corps , une des plus ſenſibles & des plus curieuſes eſt le paſ-ſage du mercure à travers un cuir fort épais ; on le voit tomber en une pluie très-fine ſi on l'enferme dans une bourſe de cuir que l'on preſſe fortement.

(2) Le mot *pénétrer* n'a point , dans le langage ordinaire, le ſens qu'on lui donne ici ; par exemple, on dit communément que l'eau *pénètre* une éponge, pour mar-quer qu'elle s'inſinue dans les pores de ce corps ; mais l'*impénétrabilité* dont nous parlons, eſt toute autre choſe. Si lorſqu'une boule eſt pouſſée contre une autre , elle

Mobilitas eſt capacitas recipiendi motum; motus autem eſt quædam energia corporibus impreſſa quam paſſim in orbe miramur; vulgò definitur *tranſlatio alicujus corporis è loco in locum*, aut etiam *ſucceſſiva correſpondentia partium corporis cùm variis ſpatii partibus* (1).

Quies opponitur motui & dicitur *permanentia corporis in eodem loco*. Hic uterque corporis ſtatus dividitur in *realem* & *apparentem* prout

---

prenoit la place de celle-ci ſans la déranger, ou la traverſoit pour continuer ſon mouvement, (comme une ombre paroît traverſer une autre ombre) la ſeconde boule ſeroit dite *pénétrable* & *pénétrée* : or c'eſt ce qui ne peut arriver, comme le démontrent mille expériences. Il en eſt une bien ſimple entr'autres : une cloche de verre enfoncée perpendiculairement par ſon ouverture ſur la ſurface d'un baſſin d'eau, force l'eau qu'elle preſſe de ſe retirer, ce qui prouve que l'air contenu dans la cloche ne peut pénétrer la maſſe d'eau qui lui eſt ſoumiſe, & que *vice verſâ* l'eau ne peut pénétrer l'air.

(1) Le tranſport d'un lieu à un autre n'eſt pas vraiment le mouvement, il en eſt ſeulement l'effet ; auſſi n'a-t-on point de définition exacte du mouvement ; mais il ſuffit qu'on ſoit d'accord.

reipsà exiftit, vel eft effectus opticæ illufionis ut pofteà videbitur : agimus eò loci de motu reali.

Motus realis leges habet generales & fpeciales. Generales ; quæ pertinent ad corpus folitariè fumptum. Speciales ; quæ fpectant corpus cum aliis comparatum.

Théorie des loix du mouvement.

Iterùm leges iftæ vel duntaxat obfervantur in corporibus prout illas natura producit; vel applicantur quibufdam corporibus ope artis & machinarum ; horum omnium ftudium nihil eft aliud quàm *Mechanica* quæ idcircò in *generalem* & *particularem* dividi folet.

Mechanica generalis obfervat motum univerfum & generaliores motûs leges. Mechanica fpecialis inveftigat particulares illos motus qui vel machinarum ope, vel à quibufdam corporibus certifque conditionibus exercentur.

Mechanica quamdiù de motu generatim differit, vocatur *Dynamica* (1) ; cùm verò æquilibrium ex motibus oppofitis nafcens determinat, dicitur *Statica* (2).

---

(1) Du mot Grec δυναμις, *vis, energia.*
(2) Du mot Latin *ftare*, être en repos.

Dynamica & ſtatica, pro naturis corporum quæ in motu vel æquilibrio conſtituta ſupponuntur , dicuntur *Geodynamica* & *Geoſtatica* (1) ; *Hydrodynamica* & *Hydroſtatica* (2) ; *Aërodynamica* & *Aëroſtatica* , ſeu *Aërometria*.

---

(1) Du mot Grec γὴ , *terra* , pour les corps ſolides.

(2) Du mot Grec ὑδϱος , *aqua* , pour les corps fluides. L'Aërométrie eſt pour tout ce qui concerne l'air.

MECHANICA GENERALIS,

SEU DYNAMICA.

La Dynamique.

DE legibus generalibus quas in suis motibus corpora sequuntur.

LEX I.

Corpus in aliquo statu positum, in illo perseverabit donec ab aliqua causa extranea deturbetur.

PROBATUR. Corpus est ex natura sua substantia passiva & iners; ergo cuicunque statui indifferens ; ergo , &c.

Consectaria legis.

1°. Corpus in motu positum, perget semper moveri donec à corpore, cui occurrat, sistatur.

2°. Corpus in quiete positum tamdiù quiescet , quamdiù à quiete non deturbabitur.

3°. Motus in vacuo, seu in loco

ubi nulla occurreret refiftentia, fem-
piternus effet.

4°. Corpus non poteft augere fuum
motum, nifi novam accipiat impref-
fionem, ficut imminuere nequit,
nifi detrimentum ab obicibus patiatur.

Lex II.

Corpus motum nititur incedere per lineam rectam.

PROBATUR. Corpus motum ten-
dit ad aliquod punctum : atqui ad illud
punctum non poteft determinari nifi
per lineam rectam ; linea enim curva,
non ad unum fed ad plura puncta
determinatur ; ergo, &c.

Confectaria legis.

1°. Corpus fequitur lineam rectam
quamdiù ab ea non diftrahitur.

2°. Non defcribit curvam nifi
pluries à linea recta removeatur.

3°. Non movetur circulariter,
nifi per obices continuos & æquales
ab incepto itinere deflectere coactum,
circa centrum aliquod contorqueatur.

4°. Cùm non nifi per violentiam à
recto tramite in circulum abeat ; ni-

titur à circulo in rectum tramitem redire, feu, ut aiunt Phyfici, effugere per *tangentem* (1).

---

(1) La ligne droite eft le chemin le plus court entre deux points donnés ; la ligne courbe eft celle qui s'écarte de ce chemin. De toutes les lignes courbes (& le nombre en eft infini), la plus fimple eft la ligne circulaire ; les Géometres l'appellent *circonférence* ; l'efpace qu'elle entoure fe nomme *cercle* ; le point C (fig. 1) qui tient le milieu dans cet efpace, eft le *centre* ; la diftance du centre à un point R quelconque de la circonférence, eft un *rayon*, (ces diftances étant par-tout les mêmes, tous les rayons font égaux) ; le double RD de ce rayon eft un *diametre* ; les lignes droites RA , BX, qui touchent la circonférence, font des *tangentes* (du mot Latin *tangere*) ; ainfi ce feroit par une de ces lignes que s'échapperoit un corps mû dans la circonférence RBD, fi la force qui le tire vers le centre, & qui pour cela s'appelle *centripete*, venoit à céder : l'expérience le démontre tous les jours. Une pierre n'eft lancée par une fronde qu'en lâchant une des cordes au moment de la plus vigoureufe circulation ; elle s'échappe par une tangente à la circonférence qu'elle décrivoit : c'eft par la même raifon que l'eau ne tombe point d'un verre que l'on fait tourner comme une fronde , parce que pour s'échapper par la tangente, elle preffe le fond du vafe.

Generatim in quocunque motu distingui debent , 1°. *Potentia* movens ; 2°. *Moles* mota ; 3°. *Relatio* spatii percursi ad tempus insumptum , id est , *Velocitas* ; 4°. *Quantitas* motûs ; 5°. *Determinatio* motûs ; 6°. *Communicatio* motûs.

Potentia est id omne , sive animatum sive inanimatum quod quiescenti corpori motum imprimere potest.

Moles est numerus partium materiæ quibus corpus conflatur : ex majori vel minori harumce partium expansione nascitur *volumen*.

Velocitas dicitur relatio spatii ad tempus, quia quò majus spatium à viatore percurritur & simul quò breviori tempore, eò velociùs ire dicitur viator.

Quantitas motûs est numerus partium quæ motu eodem in corporibus agitantur ; sedulò distinguenda est à velocitate ; nam supponamus globulum lusorium & globum tormentarium eadem ferri velocitate contrà murum, profectò gravior erit ictus globi tormentarii quàm globuli lusorii , & qua de causa ? Quia in globo tormentario plures sunt materiæ partes eodem pulsæ motu quàm in globulo lusorio forio feu major eft motûs quantitas.

Determinatio motûs eft directio corporis moti in unam potius quàm in alteram partem.

Communicatio motûs (miraculum in natura) eft accurata diftributio motûs ex mole in aliam per collifionem.

LEGES MOTUS SPECIALES,

SEU DE SPECIEBUS MOTUS.

Motus spectari potest ratione velocitatis, directionis & potentiæ.

1°. Ratione velocitatis, *uniformis* est vel *variabilis*. Uniformis ; quo æqualibus temporibus æqualia spatia percurruntur. Variabilis ; quo temporibus æqualibus inæqualia spatia conficiuntur.

2°. Ratione directionis, *rectilineus* est vel *curvilineus*, prout lineæ rectæ vel curvæ infistit.

3°. Ratione potentiæ, *simplex* est vel *compositus* ; simplex, si ab unica causa motrice producatur ; compositus, à pluribus & disparatis viribus nascitur ; (*disparatis*), si enim omnes corpus pellerent in eumdem sensum, ad unicam reciderent.

DE MOTU RECTILINEO SIMPLICI ET UNIFORMI.

In hujusmodi motu vel corpora

moventur absolutè, ita ut ad se invicem non accedant nec à se recedant; vel alia cum aliis in accessu & recessu mutuo comparantur : in priori casu eorum velocitas dicitur *absoluta* ; in posteriori *respectiva* vocatur ; de utraque pauca dicemus.

PROPOSITIO I.

Velocitas absoluta corporis cognoscitur dividendo spatium per tempus.

PROBATUR. Eo major est velocitas quo majus percurritur spatium & quo minus insumitur tempus : atqui dividendo spatium per tempus quotiens eo majus est quo spatium *dividendum* majus est & quo brevius tempus *divisor* ; ergo velocitas exhiberi potest per quotiens hujusce divisionis; ergo , &c. (1).

---

(1) L'Arithmétique apprend que faire une division, c'est chercher combien de fois un nombre, qu'on appelle *diviseur* , est contenu dans un autre qu'on appelle *dividende*: or , il est clair que plus le diviseur est petit , plus de fois il doit trouver de place dans le dividende ; pareille-

P R O P O S I T I O   I I.

*Si duo corpora ad se invicem acce-
dunt vel à se invicem recedunt ,
velocitas respectiva erit summa
utriusque velocitatis absolutæ.*

PROBATUR. In utroque casu corpus utrumque accedit , vel utrumque
recedit per propriam suam velocitatem ; ergo accessus vel recessus , id
est , velocitas respectiva , æstimandus.

---

ment plus le dividende est grand , plus de
fois il doit contenir le diviseur : donc le
nombre de fois que le diviseur est renfermé dans le dividende , autrement le
quotient , dépend de la petitesse du *diviseur* & de la grandeur du *dividende.* On
dit en terme de mathématiques , le *quotient* est en *raison directe* du *dividende* , &
en raison *inverse* du *diviseur* : (raison signifie *rapport*) ; il y a raison *directe* d'une
quantité à une autre , quand elles vont toutes deux en croissant , ou toutes deux en
diminuant ; il y a raison *inverse* quand
l'une croissant , l'autre diminue , *vice versâ* ;
on peut donc dire que la *vîtesse* d'un corps
est en raison *directe* de l'*espace* , & *inverse*
du temps.

eſt ex velocitatibus conjunctis utriuſ-
que corporis; ergo, &c. (1).

PROPOSITIO III.

Si corpus tardius alteri velociori an-
tecedat, velocitas reſpectiva erit
differentia velocitatum abſolutarum.

PROBATUR. Corpus antecedens
attingi non poteſt à ſubſequente niſi
per majorem ſubſequentis velocitatem : ergo illorum acceſſus, id eſt
velocitas reſpectiva, æqualis eſt ex-
ceſſui, ſeu *differentiæ* velocitatum
abſolutarum (2).

Nota, 1°. ſi corpus motum ad
aliud quieſcens accedat, velocitas
reſpectiva nihil eſt aliud quàm velocitas abſoluta corporis moti.

2°. Si unum è corporibus non

---

(1) Quand deux voyageurs viennent de
front, le chemin que chacun fait diminue
l'eſpace qui les ſéparoit. S'éloignent - ils
après s'être rencontrés ? C'eſt en raiſon des
pas que chacun fait.

(2) Si les deux voyageurs ſe ſuivoient &
marchoient d'un pas égal, ils ne ſe join-
droient jamais ; il faut donc que le ſecond
aille plus vîte, & c'eſt par cette plus grande
vîteſſe qu'il atteint le premier.

fentiat fuum motum , hunc alii tribuit (1).

3°. Ex his concludunt Autores Me-
chanici corpus motu proprio & ab-
foluto donatum videri pro variis cir-
cumftantiis modò quiefcere , modò
rectè progredi , modò retrocedere;
erit hæc obfervatio maximæ utilitatis
in Aftronomia.

LEGES MOTUS COMPOSITI ET UNIFORMIS.

Motus compofitus ille eft qui à
duabus vel pluribus caufis in corpus
fecundùm diverfas directiones agen-
tibus producitur ; duæ plurefve potentiæ poffunt corpus impellere vel
in eamdem directionem, vel in directiones contrarias , vel in directiones partim oppofitas , id eft, juxta lineas angulum conftituentes : quid tunc
accidat , breviter expendendum eft.

---

(1) Un homme placé dans un vaiffeau
éprouve cette illufion , & voit le rivage reculer ; c'eft un principe d'optique qui fervira dans l'Aftronomie.

PROPOSITIO I.

Si corpus eodem instanti à pluribus potentiis propellatur in eamdem directionem, movebitur cùm summa velocitatum acceptarum.

PROBATUR. Effectus sunt causis proportionales ergo ex summa causarum conspirantium nasci debet effectuum summa; ergo, &c.

PROPOSITIO II.

Quando vires diametraliter opponuntur, corpus contrariè pulsum movetur cum differentia virium, si vires sint inæquales; quiescit, si vires æquales sint.

PROBATUR 1ª. pars. Nam corpus non movetur nisi per partem velocitatis quâ vis fortior vincit alteram; ergo, 1°. &c.

PROBATUR 2ª. pars. Nam vis utraque tota est in altera destruenda; ergo, 2°. &c.

PROPOSITIO III.

*Si virium directiones angulum con-
ficiunt, corpus viam mediam inter
utramque directionem sequitur.*

PROBATUR. Corpus utpotè indifferens, debet utrique potentiæ
parere quantùm potest ; atqui parere
non potest nisi viæ mediæ infistat,
fola hæc enim via ambabus satisfacit
potentiis ; ergo, &c.

PROPOSITIO IV.

*Corpus pulsum à duabus viribus qua-
rum directiones angulum conficiunt
describit diagonalem parallelogrammi cujus latera exprimunt rationem
& directionem virium, illamque
diagonalem describit eodem tempore quo alterutrum latus percur-
risset si ab unica potentia fuisset
impulsum (1).*

PROBATUR. Supponamus corpus

---

(1) Un angle est l'ouverture que forment
deux lignes telles que AB & BC par leur
inclinaison & leur réunion (Fig. 2). L'an-

C propelli à duabus viribus pC &
PC quarum prior agit juxtà directionem CO , altera verò juxtà directionem CM (Fig. 5) & proindè
cùm priori angulum conſtituit : atqui
corpus illud deſcribet diagonalem
AD parallelogrammi AMDO conf-
tructi ſuper directiones CO & CM
eodem tempore quo pulſum à ſola

---

gle eſt droit ſi la ligne AB eſt d'à-plomb
ſur la ligne BC; il eſt aigu ſi la ligne AB
n'eſt pas encore parvenue à l'à-plomb; il
eſt obtus ſi la ligne AB a paſſé l'à-plomb.
Parlons plus géométriquement : la circonférence du cercle a été diviſée en 360 parties égales, qu'on appelle degrés ; un angle tel que ABC (Fig. 3) qui contient
entre ſes côtés un quart de ces 360 degrés ,
c'eſt-à-dire 90, eſt un angle droit : tout
angle qui en contient moins eſt aigu , &
celui qui en contient plus eſt obtus.

Un *parallelogramme* eſt une figure com-
poſée de quatre angles égaux deux à deux
& de quatre côtés égaux pareillement deux
à deux & paralleles (Fig. 4) : ſi les quatre
angles ſont droits , & conſéquemment
tous égaux , le parallelogramme prend le
nom de *rectangle* (Fig. 5) : une ligne
tranſverſale, telle que AD qui joint les deux
angles oppoſés , s'appelle *diagonale* : une
figure dont les quatre angles feroient droits
& les quatre côtés égaux, feroit un *quarré*

II. *Partie.*   C

potentia pC defcripfiffet latus AO, vel ab unica potentia PC, lineam AM. Nam 1°. ex propofitione præcedenti debet infiftere viæ mediæ, inter utramque directionem : atqui diagonalis AD eft via media inter directiones CO & CM ; ergo, 1°. debet fequi diagonalem AD.

2°. Diagonalem totam defcribere debet eodem tempore quo, &c. ; fi enim foli potentiæ CM obtemperaffet, perveniffet ad punctum M ; fi foli potentiæ CO, perveniffet ad punctum O ; ergo cum per actionem conjunctam utriufque potentiæ dirigatur, versùs utrumque punctum fimul, debet ad aliud punctum D utrique priori correfpondens pervenire ; ergo, 2°. &c. (1).

---

(1) Cette propofition eft de la plus grande fécondité dans la méchanique ; il y a peu de mouvements où l'on n'en fente la vérité. Le bateau AD, dans lequel on paffe une riviere (Fig. 6), eft obligé de remonter jufqu'au point C pour arriver au point B, qui eft le but : pourquoi cette manœuvre ? Parce que pouffé par le fil de l'eau, & en même temps par l'action des rames qui croifent le courant, il doit, cédant à l'une & l'autre force, décrire une diago-

Solvuntur objectiones.

Obj. 1°. Corpus à duabus viribus pulfum defcribere debet lineam æqualem duobus lateribus ; ergo non folam diagonalem.

Nego ant. Nam datur oppofitio quædam inter vires quarum directiones exhibentur per latera : atqui ex hac oppofitione jactura quædam virium oritur ; ergo , &c.

Obj. 2°. Corpus non debet integram defcribere diagonalem : quod fic oftenditur. Supponamus vires æquales & ad angulum oppofitas ; atqui hac in hypothefi , corpus non poteft nifi partem dimidiam diagonalis percurrere; nam fi vires confpirarent in eumdem fenfum corpus iter duplum conficeret (ex propofitione 1ª.) ; fi diametraliter opponerentur, corpus quiefceret, (ex propofitione 2ª) ; jam verò angulus rectus medium tenet has inter directio-

---

nale : or , cette ligne l'eût mis au-deffous du but B, s'il fût parti directement ; il a donc fallu pour faire aboutir la diagonale au point marqué , partir de plus haut.

nes ; ergo effectus medius esse debet, seu pars diagonalis media.

Nego ultimam minorem. Vires enim propter varios oppositionis & pugnæ gradus non sequuntur arithmeticam angulorum rationem , quamvis decrescente angulo crescant , & decrescant angulo crescente ; ergo , &c.

PROPOSITIO V.

Si ex duabus viribus , unâ eâdem manente , altera crescat , linea describenda erit curva.

PROBATUR. Nam sint duæ vires quarum una sit uniformis & pellat juxta directionem AB (Fig. 7), altera vero trahat versûs punctum C, per lineam AC & magis ac magis fortior evadat ; atqui corpus ab illis viribus pulsum describet lineam curvam : nam in 1° instanti descripsisset per vim uniformem spatium AP, sed (ex propositione 4^{a}.) percurret diagonalem AV ; in 2° instanti describeret lineam VX , sed conficiet diagonalem VZ & sic de cæteris : jam verò diagonales istæ parvulæ &

in se invicem inclinatæ sunt elementa
curvarum ; ergo, &c. (1).

---

(1) C'est ainsi que tous les objets lancés
horizontalement ou obliquement retombent sur la surface de la terre ; la force qui
les vibre s'appelle force de *projection*, force
projectile ou *tangentielle* ; & celle qui les
fait retomber , *gravité*, *force centripete*.

C'est encore par le même principe qu'un
boulet qui tombe du haut d'un mât, lorfque le vaisseau marche, paroît tomber perpendiculairement , & décrit cependant une
courbe fensible à des spectateurs placés fur
un rivage : le poids du boulet eft la force
centripete qui va en augmentant ; le mouvement horizontal du vaiffeau eft la force
projectile qui eft conftante , &c. &c.

Les forces fimples qui font décrire une
diagonale au corps font appellées *forces
compofantes*, & la diagonale eft la force
compofée ; il eft évident par tout ce qui
vient d'être dit, qu'elles font égales : on
peut donc fubftituer la diagonale aux deux
côtés , & c'eft le moyen d'affigner la marche d'un corps pouffé par plus de deux forces , par exemple par 5.

Puifque deux forces particulieres peuvent
ainfi fe fondre en une feule défignée par
une ligne qui leur eft oblique , toute ligne
oblique ne peut-elle pas fe réfoudre auffi
en deux forces fimples ? Elle le peut ; c'eft
un principe reconnu en méchanique fous
le nom de *décompofition* du mouvement ; &

DE COMMUNICATIONE MOTUS ET LEGIBUS COLLISIONIS DIRECTÆ.

Lex est naturæ generalis quam mirari, non explicare nostrûm est, ut occasione percussionis, motus quo fertur corpus aliquod vel totus vel partim in aliud corpus transeat, & hæc est ut jam diximus motûs communicatio pro ratione molium.

Percussio verò accidit quoties corpora in se invicem impingunt vel directè, vel obliquè : collisio directa est si linca quam sequitur motus transeat per centra corporum ; corpora autem, majoris claritatis causâ, spherica supponuntur, & sunt vel *mollia*, vel *dura*, vel *elastica*.

---

comme les deux forces composantes perdent en se confondant en une seule (par leur opposition), de même toute force qui se résout en deux autres, gagne dans le développement ; aussi met-on en axiome de Physique, *decompositio fit in majus* ; mais la maniere dont s'opere cette marche de la Nature, est un mystere qu'aucun Physicien n'a pu percer encore, & que Privat de Molieres a donné comme une preuve de l'existence d'un Dieu.

Corpora mollia ea funt quorum partes infenfibiles comprimuntur nec fe in priftinum ftatum reftituunt.

Corpora dura funt ea quæ nullatenùs comprimi poffunt.

Corpora elaftica ea funt quæ comprimuntur, inftar *mollium*, fed poftea compreffionis impatientes inftar *durorum*, in priftinam figuram refiliunt. Nullum forfan exiftit in natura corpus perfectè aut molle, aut durum, aut elafticum ; hunc tamen fupponimus ftatum perfectionis, quia cognito quid tunc evenire debeat, facilius erit affignare leges quas fequi debeant corpora in eo quem habent ftatu imperfecto (1).

---

(1) Les ongles, les cartilages, l'acier trempé, le verre & l'ivoire peuvent être comptés parmi les corps dont le reffort eft le plus parfait.

Il faut dans les corps mous un certain temps pour que l'applatiffement fe faffe ; dans les corps durs, il n'y en a point ; la communication du mouvement eft donc *fucceffive* pour les premiers, & *inftantanée* pour les feconds : dans les corps élaftiques, il y a deux inftants à obferver, celui de l'applatiffement, & celui de la reftitution. Le mot élaftique vient d'*elaterium*, reffort.

Corpora mollia & dura, unico argumento complectemur, ut potè quæ leges eafdem fequantur, & nomine *non elafticorum* defignabimus obfervandum infuper, fupponi à nobis corpora vel elaftica, vel non elaftica in vacuo moveri, id eft, ulla fine refiftentia; his pofitis fint.

Leges corporum non elafticorum.

Vel ex duobus corporibus non elafticis unum quiefcit & alterum movetur; vel ambo moventur in eumdem fenfum; vel fibi occurrunt ex partibus adverfis.

Iterum vel ambo funt æqualia mole, vel moles collidentis eft major, vel major eft collifi moles. (hìc brevitatis gratiâ moles in utroque fupponimus æquales, & erit facilis aliorum cafuum cognitio).

HYPOTHESIS I.

Corpus non elasticum incurrens in aliud quietum, istud movet & ambo post collisionem feruntur in eamdem partem cum æquali velocitate.

PROBATUR. 1°. Corpus quod movetur alterum movet, ipsi enim communicat de suo motu; 2°. post collisionem feruntur ambo cùm æquali velocitate; res enim ita est si corpus collidens nec majorem, nec minorem obvio corpori debet communicare motum, quàm qui requiritur ut ambo pari, &c. : atqui, &c. ; 1°. non majorem ; nam corpus aliquod non agit in alterum nisi quantùm necesse est ut in suo motu non impediatur ; 2°. non minorem ; alioquin corpus obvium impediret illud quod incurrit in suo motu ; ergo duo illa corpora feruntur ambo post collisionem cum æquali velocitate (1).

____

(1) La quantité de mouvement est toujours la même avant & après le choc, & ce qu'a de moins le corps choquant, le corps

HYPOTHESIS II.

Si duo corpora non elastica versùs eamdem partem (cum in inæquali velocitate) moveantur , corpus velocius communicabit de suo motu corpori tardiori & ambo post collisionem cum æquali velocitate procedent.

PROBATUR. Corpus antecedens se habet respectu subsequentis eodem modo ac si quiesceret dum subsequens moveretur cum parte velocitatis quam habet suprà tardius : atqui hoc in casu (ex hypothesi I) ambo post collisionem cum æquali velocitate procederent ; ergo , &c. (1).

---

choqué l'a gagné ; la vitesse s'est trouvée partagée dans le choc & répandue dans les deux masses : si donc on veut savoir qu'elle sera la vitesse commune des deux corps après le choc , il faut diviser la quantité de mouvement qu'avoit le corps choquant par la somme des deux masses ; ce que les Algébristes désignent par cette expression $\frac{MV}{M + m}$.

(1) On aura la vitesse commune après le choc en divisant la somme des mouvements par la somme des masses. $\frac{MV + mv}{M + m}$.

HYPOTHESIS III.

Si ex partibus adversis occurrant sibi duo corpora non elastica cum viribus æqualibus, immota manebunt post collisionem; si cum viribus inæqualibus, movebuntur ambo secundùm directionem fortioris.

PROBATUR. 1°. Vires æquales se se mutuo elidunt ; 2°. vis major minorem superat ; ergo , &c. (1).

LEGES CORPORUM ELASTICORUM.

HYPOTHESIS I.

Si corpus elasticum incurrat in aliud æquale quiescens , & pariter elasticum , collidens manebit immotum ; collisum verò movebitur cum velocitate quá ferebatur corpus incurrens ante collisionem.

PROBATUR. 1°. Collidens quies-

---

(1) Pour avoir la vîtesse commune , comme elle n'est que l'excès de l'une des deux primitives sur l'autre, il faut diviser la différence des mouvements par la somme des masses; $\frac{MV - mu}{M + m}$.

cet ; nam illud corpus quiefcere debet quod omnem fuum motum amittit : atqui collidens amittit, &c. ; dimidiam enim fui motûs partem col-
lifo communicavit (propter æquali-
tatem molium) alteram verò medietatem amifit propter reftitutionem
ipfi contrariam ; ergo , &c.

2°. Collifum movebitur cum &c.
illud enim movebitur cum &c.
quod dimidiam velocitatem primâ
communicatione accepit , hancque
medietatem duplicavit per elaterium :
atqui , &c. ; ergo , &c. (1).

---

(1) Les parties antérieures du corps
choquant font comprimées & enfoncéesvers
le centre ; c'eft alors qu'il perd la moitié de
fa vîteffe par *communication* ; enfuite les
parties comprimées repouffent le centre &
tout le corps en arriere pour reprendre
leur premier état : le reffort eft donc contraire au corps choquant ; & comme on
le fuppofe égal à la compreffion, ou parfait, il doit anéantir la feconde moitié de
vîteffe qui pouffoit le corps choquant en
avant.

Les parties poftérieures du corps choqué
s'approchent du centre par la compreffion,
& reçoivent dans ce moment une moitié
de vîteffe de la part du corps choquant ;
puis pour rentrer dans leur premier état,
elles font effort contre le centre & le

H Y P O T H E S I S II.

Si corpus elasticum incurrat in aliud corpus elasticum & æquale in eadem directione tardiùs motum , ambo corpora suas velocitates mutabunt post ictum.

PROBATUR. Corpus antecedens se habet respectu subsequentis eodem modo ac si quiesceret dum subsequens moveretur cum parte velocitatis quam habet suprà tardius : atqui hoc in casu (ex hypothesi I) collisum procederet cum velocitate collidentis & collidens haberet quietem collisi ; ergo cum collisum supponatur in motu, habebit velocitatem colliden-

---

poussent en avant : le ressort est donc favorable au corps choqué , & double ce qu'il a reçu de vîtesse par la compression. Voilà pourquoi si l'on dispose une suite de billes égales sur une même ligne , de façon qu'elles se touchent toutes , la derniere se détachera de la rangée au moment où l'on fera tomber sur la premiere une autre bille de même grosseur ; qu'on en fasse tomber deux, les deux dernieres de la rangée partiront, & toutes les intermédiaires seront immobiles.

tis, & collidens habebit velocitatem collifi, feu poft ictum velocitates mutabunt.

H Y P O T H E S I S III.

Si duo corpora elaftica fibi occurrant ex adverfis partibus, cum molibus & velocitatibus æqualibus, refilient cum iis velocitatibus quas habuerunt ante ictum.

PROBATUR. Nam vires utriufque corporis utpotè æquales & oppofitæ per ictum deftruuntur, ita ut, fi forent mollia vel dura, immota quiefcerent; fed vis reftitutionis quæ compreffioni æqualis eft ipfis largitur in fenfum contrarium vires deperditas; ergo, &c. (1).

---

(1) Un petit corps lancé perpendiculairement contre une maffe infiniment grande relativement à lui, perd tout fon mouvement, s'il n'eft pas élaftique; & s'il eft élaftique, il revient fur fes pas avec toute fa vîteffe.

LEGES COLLISIONIS OBLIQUÆ ET EXCEN-TRICÆ.

Vel ambo corpora quæ se obliquè collidunt supponuntur duo globi, vel unum est globus, alterum verò planum seu recta superficies; de utroque casu hæc pauca sint.

H Y P O T H E S I S I.

Seu de collisione obliquâ globorum.

Vis obliqua, ut jam in notis præmonuimus, decomponitur in duos nisus quorum unus est perpendicularis obici occurrenti, alter verò parallelus; v. g. supponamus (Fig. 8) baculum AB propelli obliquè contrà lapidem COPM; premit lapidem, ut experientia constat, & simul suprà ipsum gliscit: jam verò non premit nisi per partem suæ vis lapidi perpendicularem quam designat directio BD; non gliscit nisi per partem quam repræsentat directio BR : ambæ directiones BD & BR sunt latera parallelogrammi cujus diagonalis est li-

nea BF quam fecutus fuiffet baculus, ni fuiffet obice impeditus.

His pofitis fint duo globi A & B
ejufdem molis & non elaftici; globus
A obliquè impingat in globum B
quiefcentem, ita ut, factâ decompofitione, motus perpendicularis
globi A fit 4; & motus parallelus
fit 6 : globus A ex 4 gradibus fui
motûs perpendicularis communicabit
2 globo B (pro ratione molium) ;
ergo globus B movebitur fecundùm
directionem perpendicularem cum 2
gradibus motûs : globus autem A 2
gradus motûs perpendicularis fibi fer-
vavit & infuper fervat totum motum
parallelum, feu 6 gradus : ergo def-
cribet diagonalem parallelogrammi
cujus perpendiculare latus correfpondet 2 gradibus & cujus latus parallelum correfpondet 6 gradibus.

Nunc fupponamus utrumque globum elafticum effe; globus B poft
collifionem & reftitutionem movebitur cum 4 gradibus (duo commu-
nicati duplicantur per elaterium) fecundùm directionem perpendicularem ; globus verò A transferetur
fecundùm directionem parallelam
cum 6 gradibus motûs (amifit enim
per

per elaterium sibi contrarium 2 gradus qui post communicationem ipsi remanserant) (1).

HYPOTHESIS II.

Seu de lapsu obliquo globorum in plana.

Planum supponimus quietum & immobile, quapropter spectari potest ut corpus infinitè magnum respectu globi perpendiculariter cadentis : jam verò, ut vidimus, corpus quod perpendiculariter impingeret, in hujusmodi planum, quiesceret si careret elaterio, resiliret cum tota sua velocitate & per eamdem directionem, si foret elasticum ; ergo meritò de solo lapsu obliquo loquimur.

Corpus autem quod in planum obliquè labitur, vim suam decomponit in nisum perpendicularem quo premit planum & in nisum horizontalem quo planum lambit : nisus per-

____

(1) C'est sur ce principe que sont fondés tous les coups du jeu de Billard. Voyez la Méchanique de M. l'Abbé de la Caille, page 59.

pendicularis totus in preffione deftrui-
tur fi corpus collidens non fit elafticum ; ergo remanet folus nifus horizontalis ; ergo corpus moveri debet
fuprà plani fuperficiem ; glifcet fi
fuperficies terfa fit & admodùm po-
lita ; rotabitur, fi fuperficies inæqua-
lis & fcabra fit.

Nifus perpendicularis qui totus in
preffione confumitur quando corpus
non eft elafticum, totus reftituitur fi
corpus elafticum fupponatur ; ergo
poft collifionem corpus elafticum
reperitur inter duas vires quarum
una perpendiculariter ipfum repellit
à plano, altera juxtà planum trahit
horizontaliter, & proindè angulum
rectum conficiunt; ergo refilire debet per diagonalem ; cùmque nullus
motus in collifione deperditus fuerit,
hæcce diagonalis erit linea æquè lon-
ga & æquè in fenfum oppofitum inclinata ac linea per quam cecidit corpus : hinc dicitur *angulum reflexionis
æqualem effe angulo incidentiæ.* Angulus *incidentiæ* formatur ex linea
per quam cecidit corpus & plani fuperficie ; angulus *reflexionis* formatur per lineam quam defcribit cor-

pus dûm reflectitur, & plani superficiem (1).

(1) Il n'y a de parfaite égalité entre
l'angle de réflexion & l'angle d'incidence,
qu'en supposant le globe parfaitement rond,
parfaitement élastique, & le plan mathématiquement uni. La Nature ne nous donne
point ces conditions, & nous n'avons que
des à-peu-près : l'angle de réflexion est
tantôt plus grand, tantôt plus petit que
celui d'incidence. Le plan est-il raboteux
& le globe bien élastique ? Le mouvement horizontal est affoibli par les obstacles, & le mouvement perpendiculaire se
conserve : le corps décrira donc une diagonale plus voisine de la direction verticale, & conséquemment l'angle de réflexion
surpassera l'angle d'incidence. Suppose-t-on
le plan bien poli & le ressort imparfait ?
Tout l'effort perpendiculaire ne sera pas
rendu, & le *nisus* horizontal aura la même
vigueur ; la diagonale approchera donc plus
du plan, & l'angle de réflexion sera plus petit.
Cependant comme les plans & les ressorts
dont nous nous servons sont en même temps
défectueux, on peut dire qu'il se fait une
espece de compensation, d'où résulte une
égalité sensible & satisfaisante entre les
deux angles. (Voyez Fig. 9, 10 & 11).

Nous n'avons parlé que du plan immobile ; si on le supposoit en mouvement,
l'angle de réflexion seroit plus petit que
l'angle d'incidence, parce que le corps

choquant ne communiqueroit au plan qu'une partie de son mouvement perpendiculaire, (nous l'avons observé dans la collision oblique de deux globes) & reviendroit conséquemment par une diagonale plus inclinée sur le mouvement horizontal.

DE OBLIQUO TRANSITU GLOBORUM

PER VARIA MEDIA,

Seu

DE REFRACTIONE MOTUS.

AER, aqua & cætera fluida per quæ transire poteſt corpus dicuntur *media*, *milieux* ; (hìc loquimur tantùm de corporibus terreſtribus ; nam radii luminis tranſeunt per vitrum quod tamen fluidum non eſt) : porrò corpus obliquè tranſeundo per varia media lineam quam ſequebatur deſerit , hæcque determinationis mutatio *refractio* vocatur , & corpus dicitur *refrangi.*

Duplex refractio dàtur , una ad perpendicularem accedens, dum nempè corpus obliquè tranſit ex medio magis reſiſtente in medium minus reſiſtens , & altera recedens à perpendiculari , dùm corpus obliquè tranſit è medio faciliori in medium difficilius : linea autem perpendicularis de qua loquimur , illa intelligenda est quæ cadit perpendiculariter in superficiem medii, seu potiùs in punctum transitûs. (Vide lineas OF & OG, in Fig. 12 & 13).

PROPOSITIO I.

Globus obliquè transiens ex medio minus resistente in medium magis resistens , v g. ex aëre in aquam , refrangitur recedendo à perpendiculari.

PROBATUR. Si globus A (Fig. 12) obliquè transcat ex aëre in aquam, punctum S majorem patitur resistentiam ex parte aquæ quàm punctum oppositum H ex parte aëris : ergo cum centrum gravitatis dirigatur versùs minorem resistentiam , dirigetur versùs puncta HG , & ità à prima sua directione AZ, & à perpendiculari OF declinabit; cum autem toto tempore transitûs ex aëre in aquam, partes globi immersæ majorem patiantur resistentiam quàm partes aëri expositæ , globus toto illo tempore diverget & à sua prima directione AZ , & à perpendicu-

lari OF , defcribendo parvam lineam
curvam (1).

---

(1) Ainfi quiconque veut tuer dans l'eau
un poiffon d'un coup de fufil , doit vifer
au-deffous du poiffon , parce que la balle
entrant obliquement dans l'eau s'écarte
de la perpendiculaire , & conféquemment
releve un peu : ajoutons que le poiffon
n'eft pas dans l'endroit où il eft vu , parce
que les rayons de lumiere qui le font ap-
percevoir , fouffrent eux-mêmes, comme
nous le verrons , une réfraction en fortant
de l'eau , & font paroître l'objet plus
élevé.

Si le corps eft réfrangé en paffant obliquement de l'air dans l'eau, il eft réfléchi
en paffant trop obliquement : par exemple , une balle de fufil tirée très-oblique-
ment fur l'eau doit rejaillir ; fa grande
vîteffe , & fa trop grande obliquité augmentent la réfiftance de l'eau , qui ,
comme un plan folide , s'oppofe au mouvement de la balle , & lui fait faire un
angle de réflexion : on voit par là comment il eft poffible qu'en tirant d'un endroit trop bas fur un poiffon , la balle
aille tuer un homme placé fur le rivage
oppofé d'un riviere ; ce malheur eft plus
d'une fois arrivé.

PROPOSITIO II.

Globus obliquè transiens ex medio magis resistente in medium minus resistens, v. g. ex aqua in aërem, refrangitur accedendo ad perpendicularem.

PROBATUR. Si globus A (Fig. 13) ex aqua obliquè transeat in aërem, pars ZS ex aqua egressa minorem patitur resistentiam ex parte aëris, quàm similis pars opposita ZB ex parte aquæ, adeòque centrum gravitatis à directione AC recedit versùs perpendicularem OG ; quò verò major pars emergit ex aqua, eò plus ad illam perpendicularem accedit, ità ut, toto tempore transitûs, centrum globi A curvam AX describat : sed post totalem emersionem iterùm lineæ rectæ insistit (1).

____

(1) Je n'ai point parlé des corps qui tombent perpendiculairement, parce qu'ils n'éprouvent aucune réfraction, & la maniere de le prouver est fort aisée : que l'on fasse tomber d'à-plomb une boule dans un vase qui ne contienne que de l'air, mais dont le fond soit couvert d'un enduit de cire, la boule y fera un creux ;

DE MOTU ACCELERATO ET RETARDATO CORPORUM GRAVIUM.

Gravitas eſt vis ſeu niſus quo cor‑ pora tendunt verſùs centrum terræ per lineas terræ ſuperficiei perpen‑ diculares (1): confundi non debet cum

qu'enſuite on rempliſſe le vaſe d'eau , la boule en tombant encore d'à‑plomb tombe‑ ra juſte dans le même creux : voilà l'expé‑ rience ; & le raiſonnement dit qu'un corps qui tombe perpendiculairement, éprouve de tous côtés une réſiſtance égale, & conſé‑ quemment ne doit pas dévier.

J'ai ſuppoſé des *globes* pour être plus clair ; mais d'autres corps que des corps ronds ſont ſujets aux mêmes loix ; la diffé‑ rence qui s'y trouve, c'eſt que la marche d'une pierre brute & inégale, par exem‑ ple, eſt plus irréguliere.

J'aurois pu faire obſerver encore qu'un objet peut quelquefois éprouver de la ré‑ fraction dans le milieu même où il ſe meut : une moitié de boule , par exemple, qui dans l'eau trouve moins de réſiſtance à ſa partie convexe qu'à ſa partie plate , change de direction ; des clous longs & déliés font la même choſe quand ils ſont chaſſés dans une pierre.

(1) La terre eſt ronde : or , toutes les lignes qui paſſent par le centre d'un cer‑ cle , ſont perpendiculaires à la circonfé‑ rence. (Voyez Fig. 14).

II. Partie. E

pondere ; gravitas enim eſt illa vis quâ veluti ſponte corpora deorsùm labuntur , & quæ agit in ratione maſſarum : pondus verò eſt effectus illius vis impellentis.

Motus acceleratus ille eſt vi cujus temporibus æqualibus magis ac magis ſpatia creſcunt ; ſi contrarium accidat , motus retardatus eſt.

Experientiâ conſtat corpora quæ dicuntur gravia motum deſcendendo accelerare & aſcendendo retardare ; ſed quâ proportione ? Detexit Galilæus Magni Ducis Etruriæ Geometra : nobilis ille Phyſicus , ut leges iſtas aſſequeretur, ſuppoſuit 1°. gravitatem eſſe vim *conſtantem* quæ ſingulis inſtantibus infinitè parvis corpora percutit ; 2°. illam eſſe vim æqualem quæ ſingulis inſtantibus æquales ictus impingit ; 3°. motum in primo inſtanti communicatum , in ſecundo integrum remanere ; 4°. corpora gravia in medio non reſiſtente moveri ; his poſitis miras quas ſuſpicabatur leges invenit , eaſque poſteà confirmarûnt celeberrimorum philoſophorum experimenta.

P R O P O S I T I O I.

*Corpus grave liberè decidens motum
suum uniformiter accelerare debet.*

PROBATUR. Illud corpus debet,
&c. , quod singulis instantibus novos
& æquales velocitatis gradus acquirit & acceptos anteà totos integros-
que servat : atqui , &c. , ut ex suprà
dictis patet ; ergo , &c.

P R O P O S I T I O I I.

*Gradus velocitatis quos acquirit gra-
ve inter cadendum crescunt ut
tempora.*

PROBATUR. In 1° instanti unum
gradum velocitatis accipit ; in 2°
novum ; novum in 3° , &c. ; ergo ,
&c.

P R O P O S I T I O I I I.

*Spatia quæ peragrat corpus inter des-
cendendum crescunt ut numeri impares I , 3 , 5 , 7 , 9 , &c.*

PROBATUR. 1°. Initio primi instantis nullam habebat velocitatem ; fed per hoc primum inftans acquifivit paulatim unum gradum velocitatis , ità ut in fine pedem unum , v. g. confecerit ; 2°. fervat in fecundo inftanti huncce velocitatis gradum , cujus ope , cum fit conftans , duos pedes conficere poteft ; infuper novum acquirit gradum à gravitate & cum ipfo poteft conficere unum pedem ; ergo fi pedem unum confecit in primo inftanti , tres pedes conficiet in fecundo : 3°. in tertio inftanti defcendet cum gradibus acceptis per fecundum , qui utpotè conftantes , ad quatuor pedes emetiendos fufficiunt , & infuper novum gradum acquirit à gravitate pro uno pede ; ergo fi ufum pedem in primo inftanti , fi tres in fecundo confecerit , quinque peragrabit in tertio , & fic de cæteris ; ergo , &c. (1).

---

(1) La vîteffe que communique la gravité eft la même pour tous les corps, en fuppofant qu'ils fe meuvent dans un milieu fans réfiftance , ou dans le vuide ; mais il n'en eft pas ainfi : l'air eft un fluide , très-rare à la vérité , mais qui pourtant réfifte ; (il fert de point d'appui aux

aîles des oiseaux) : or , cette résistance est
proportionnée à la surface que lui présentent les corps , autrement au plus ou
moins grand volume qu'ils ont , & voilà
ce qui les fait tomber plus ou moins
vîte.

Si la hauteur d'où tombe le corps est
considérable , l'air résiste long-temps , &
son action devient enfin aussi forte que
celle de la gravité ; alors le corps se
trouve placé entre deux forces égales , dont
l'une le pousse en-dessus , & l'autre le
repousse en-dessous : il doit donc perdre
son mouvement accéléré (celui de la gravité), & n'aller plus que d'un mouvement uniforme ; c'est ce qui arrive effectivement , & c'est ce que l'on appelle ,
d'après M. *Mariotte* , la vîtesse *complette.*

Nouveau sujet d'admirer la sagesse du
Créateur ! Car quels affreux ravages ne
produiroit pas cette pluie qui féconde la
terre, si elle n'étoit divisée , atténuée par
la résistance de l'air, & forcée de n'arriver
jusqu'à nous qu'avec une vîtesse uniforme !
Chaque goutte seroit une pierre lancée sur
nos têtes ; témoin ce qui se passe sous le
récipient de la Machine Pneumatique :
l'air en est-il pompé ? L'eau y tombe sur
la platine comme un corps solide & avec
fracas.

PROPOSITIO IV.

Spatia totalia ab initio defcenfûs computata funt inter fe ut quadrata temporum in quibus percurruntur, id eft, fpatium totale quod percurrit corpus in uno inftanti eft ad fpatium totale quod percurrit in tribus inftantibus ut, quadratum numeri 2, eft ad quadratum numeri 3, feu ut 2 eft ad 9.

PROBATUR. Nam (ex propofitione III) fpatia funt in primo inftanti 1, in fecundo 3, in tertio 5, in quarto 7, &c. ; fi ergo quæratur fpatium per inftantia duo confectum, jungi debent fpatium primi inftantis 1 & fpatium fecundi 3 ; jam verò 1 & 3 dant 4, & numerus 4 eft quadratum numeri 2 qui exprimit fecundum inftans.

Si quæratur fpatium confectum per tria inftantia, jungi debent fpatium primi inftantis 1, fpatium fecundi 3, & fpatium tertii 5 ; jamverò 1 & 3 & 5 dant fummam 9 quæ eft quadratum numeri 3 quo exhibe-

tur tertium instans ; & sic de cæteris ;
ergo , &c. (1).

Hìnc cognito spatio à corpore
gravi inter cadendum emenso per
unum minutum *secundum* (une seconde) facilè cognosci potest altitudo ex qua decidit corpus ; modò co-
gnoscàtur tempus quo descendit. Si
supponatur corpus percurrere 15 pedes per unum minutum *secundum* ,
ut ex calculo *D. Huygens* constat ,
cognoscetur quodnam spatium eme-
tiri debeat per 5 minuta *secunda* hanc
instituendo proportionem , *quadratum unius minuti secundi est ad quadratum quinque minutorum secundo-
rum, ut* spatium 15 *pedum , percur-
sum in uno minuto. secundo est ad
spatium percurrendum* in quinque *minutis secundis.* 1 : 25 :: 15 : x qui
dat 375. (2).

---

(1) Tout nombre multiplié une fois
par lui-même , s'appelle , en terme d'Algebre , un *quarré* ; ainsi 2 fois 2, ou 4 ;
3 fois 3, ou 9 ; 4 fois 4, ou 16 , sont
autant de quarrés.

(2) Une proportion est la comparaison
de quatre quantités deux à deux ; une des
quatre est inconnue & désignée par *x* ;

Quidquid hactenùs dictum eſt de motu accelerato inter deſcendendum, intelligendum eſt quoque de motu retardato inter aſcendendum, ſed in ſenſu oppoſito, id eſt, velocitates decreſcunt, ut creſcunt tempora; ſpatia in ſingulis inſtantibus ſunt ut numeri impares 9, 7, 5, 3, 1, 0; & ſpatia totalia decreſcunt ut quadrata temporum.

DE CENTRO GRAVITATIS.

Centrum gravitatis cujuſcunque corporis eſt punctum circà quod tota colligitur corporis gravitas, ità ut, diviſo corpore in duo ſegmenta per illud punctum, duo ſegmenta ex utraque parte omninò æquiponderent; ſuſtentato illo puncto ſuſtineatur pon-

---

mais comme elle doit être avec la troiſième dans le même rapport qu'ont les deux autres, on la découvre aiſément. Ici, par exemple, on dit : *le rapport qui eſt entre 1 & 25, doit être le même qu'entre 25 & la quantité inconnue* x ; or 1 eſt 25 fois dans le nombre 25 ; donc 25 doit être 25 fois dans l'inconnue x ; mais 25 fois 25 donne 375, donc, &c.

dus totius corporis , & corpus quietum maneat in æquilibrio , si super hoc punctum præcisè reponatur in extremitate cuspidis.

Centrum gravitatis duorum corporum commune est punctum in linea recta eorum centra conjungente , & ex quo ambo suspensa in extremitatibus virgæ ponderent æqualiter, & situm servent. Idem dicendum est de centro communi gravitatis trium quatuorve corporum, &c.

Linea quam sequitur centrum gravitatis dicitur linea *DIRECTIONIS* corporis.

Datur in omnibus corporibus centrum gravitatis sive sint homogenea (ejusdem materiæ in omnibus suis partibus) , sive sint heterogenea (diversæ materiæ in suis partibus) : si sint homogenea & regularia in suis figuris , centrum gravitatis est ipsummet centrum figuræ , & diviso corpore in duas medictates , utraque medietas æquè ponderat : si sint heterogenea , quamvis symetrica , centrum gravitatis erit in alterutra medietate, ità ut una magis quàm altera ponderet. Inveniri facilè potest , si me-

chanicè tantùm, centrum gravitatis alicujus corporis. Ponatur enim corpus
in extremitate menfæ feu plani horizontalis & aliqua ejus pars ità extrà
plani extremitatem promineat , ut
corpus propriâ gravitate decidere in-
cipiat; notanda erit accuratè linea quæ
feparat partem prominentem à parte
adhuc plano fuper impofitâ ; deindè
vertatur corpus in alium fenfum,
eodem modo promineat , obfervetur
linea feparationis ; ipfius interfectio
cùm priori jam notata indicabit
punctum in directione centri gravitatis (1).

____

(1) Si la ligne de *direction* fort de la
bafe d'un corps , ce corps tombe infail-
liblement ; voilà pourquoi , quand nous
montons, l'inftinct nous fait pencher en
avant, & en arriere quand nous defcen-
dons. Portons-nous à la main droite un
fardeau ? le bras gauche s'étend pour faire
équilibre : un Danfeur de corde en agit de
même , ou avance un balancier qu'il tient
du côté contraire à celui où il perd l'à-
plomb. On voit dans la ville de Pife en
Tofcane, une très-belle Tour confidérable-
ment inclinée , & néanmoins très-folide ;
c'eft que fa bonne conftruction & le con-
tremur fait au pied ramenent la ligne de

direction par la bafe , & elle eft dans la
fituation d'un homme dont le corps feroit
extraordinairement penché , mais foutenu
par une jambe avancée , &c. &c.

C'eft du centre de gravité que font ti-
rées les loix de l'*ofcillation* des *pendules*.
On appelle *pendule* tout corps fufpendu
à l'extrêmité d'un fil ou d'une verge , &
abandonné à fa gravité. Soit un corps en
B (Fig. 15) fufpendu à l'extrêmité du
fil AB, qui eft fixé au point A ; livré à fa
gravité, il defcend du point B au point D
par un mouvement accéléré ; arrivé à ce
point , il a acquis affez de force pour parcourir le double ; mais du point D au
point C , il monte & prend conféquemm-
ment un mouvement retardé dans les mêmes loix qu'il étoit accéléré en defcendant ;
il ne parcourra donc que l'arc DC : par-
venu au point C , & n'ayant plus de mouvement , fa gravité le fera retomber vers
le point D par une defcente accélérée , &
de là remonter au point B par une marche
retardée ; il continueroit ainfi d'aller & de-
venir d'une extrêmité de l'arc à l'autre ,
(c'eft ce qui s'appelle *ofcillation* , *vibra-
tion*) pendant toute l'éternité , s'il n'é-
prouvoit aucun obftacle ; mais les frotte-
mens du fil , la réfiftance de l'air , &c. ,
affoibliffent peu à peu , & détruifent enfin
fon mouvement ; auffi tous les pendules de
nos horloges (les lentilles) font-ils animés
par un reffort qui nourrit leurs vibrations.

Le pendule eft fimple fi le fil ou la
verge ne foutient qu'un feul poids ; il

est composé si plusieurs poids sont distri-
bués dans la longueur du fil ; mais comme
il n'existe aucun fil , ni aucune verge
sans pesanteur , on peut dire que tous
les pendules dont les hommes peuvent se
servir , sont des pendules composés , parce
que les différents points de la verge ou
du fil sont autant de petits poids que leur
gravité sollicite à différentes vibrations.

MECHANICA SPECIALIS,

SEU STATICA.

MACHINÆ funt corpora folida quibus adjuvantur potentiæ ad vincendos obices applicatæ : tribus autem modis adjuvari poteft potentia ; fcilicèt, vel augendo ejus intenfitatem, vel minuendo intenfitatem refiftentiæ, vel dando utrique directionem quæ fit effectui producendo aptior.

Tres quoque funt omninò machinæ , nempè *vectis*, *planum inclinatum* & *funes* , ad quas cæteræ quævis & fimplices & compofitæ revocantur ; harum prima, (vectis) tota eft in augenda potentia ; fecunda in imminuenda refiftentia ; tertia in utraque utiliter dirigenda.

De machinis tum fimplicibus tum compofitis gallicè dicemus , majoris claritatis causâ , poftquam principia quædam fundamentalia in medium protulerimus.

1°. Diftinguenda funt in machinis omnibus *fulcrum , potentia , refiften-tia & velocitas.*

Potentia eft vis aut virium col-lectio in vincendum obftaculum in-tenta, tales funt Homines, vel Equi Cymbam adverfo flumine trahentes , elater horologii , pondus quo veru ad prunas circumagitur , &c.

Refiftentia eft altera vis nifum exerens potentiæ contrarium & ad quem fuperandum adhibentur machi-næ. Talis moles marmorea in altum evehenda.

Fulcrum (le point d'appui) eft machinæ pars quæ relativè ad cæte-ras immota eft & ipfa centrum eft motûs aliarum ; aliquando eft punc-tum unicum , aliquando punctorum feries feu linea ; punctum ? In bilance v. g. , quia in unico puncto nituntur & quiefcunt bracchia (le fleau) : li-nea ? In axe (l'effieu) rotarum qui-bus rheda transfertur ; motus enim totum axem pro centro habet.

Velocitas eft fpatium quod per-currunt potentia & refiftentia , aut quæ percurrerent , fi una vinceret alteram (in cafu equilibrii) : homo v. g. qui lapidem trahit ope ma-

chinæ dictæ *cabeſtan* , deſcribit circumferentiam circuli ſuis paſſibus ,
dum lapis ad machinam accedit.

2°. Æquilibrium generatim eſt actio
duarum pluriumve virium quæ aliæ
contrà alias in ſenſus oppoſitos nituntur ità ut in quiete omnia rema-
neant. Hìnc in quiete manebit corpus quoties ex utraque parte vires
æquales agent. Vires autem æquales
erunt quoties productum molis per
velocitatem ſeu per ſpatium (ſpatia
enim ſunt ut velocitates) erit æquale
ex utraque parte ; hìnc 1°. ſi ex
parte potentiæ moles ſupponatur 2 ,
v. g. , & ſpatium 4 ; ex parte potentiæ pariter moles 2 & ſpatium
4 ; ex utraque parte aderit productum 2 per 4 , id eſt 8 ; & proindè
vires æquales : 2°. ſi ex parte potentiæ moles ſupponatur 4 & ſpatium 2 ; ex parte reſiſtentiæ , moles 2 & ſpatium 4 ; moles & ſpatia dicentur eſſe in ratione in-
verſâ , ſeu reciprocâ , & dabunt
æquilibrium ut anteà ; ſi quidem
aderit idem productum 2 per 4 (1).

---

(1) On ſe rappelle que la quantité de
mouvement, autrement dit la *force* d'un

Hinc ftatuitur in generali propofitione *dari æquilibrium inter duo*

---

corps, s'eftime en multipliant la *maffe* par
la *vîteffe* : or, à cette vîteffe on peut fubftituer l'*efpace*, qui eft fon effet : donc,
&c. S'enfuivroit-il que quand les puiffances font animées, comme celle d'un
homme, d'un cheval, &c., il fallût pefer
la maffe de l'homme, du cheval, &c. ?
Nullement ; mais on compare toutes ces
puiffances vivantes à autant de poids qui
produiroient un égal effort : voilà pourquoi dans toutes les propofitions de méchanique la puiffance eft toujours défignée
par un poids auffi bien que la réfiftance,
& les vîteffes font l'efpace que ces poids
parcourent ou tendent à parcourir. Cependant quand on emploie dans une machine l'effort d'un homme ou d'un animal, on doit l'eftimer relativement à la
nature & la durée du travail ; car quoiqu'un cheval puiffe vaincre pour un temps
fort court un obftacle de 500 ou 600 livres,
& qu'un homme pendant quelques inftants foutienne un fardeau de 100 ou 150
livres, néanmoins quand il s'agit de travailler de fuite, on ne doit pas compter
fur un effort qui excede 25 ou 30 livres,
fi c'eft un homme, & 180 de la part
d'un cheval ; encore faut-il qu'ils agiffent
en liberté : l'effort d'un homme qui agit
de haut en bas, en tirant un poids, par
exemple, avec une poulie, peut être d'en

corpora

corpora quoties pondera & diſtan-
tiæ à fulcro ſunt æquales vel in ra-
tione reciproca.

---

viron 60 à 80 livres , & quelquefois de
toute ſa peſanteur ; l'effort d'un homme
qui marche dans la roue d'une grue , eſt
de tout ſon poids.

LA GÉOSTATIQUE,
O U
DES MACHINES.

LEs machines font fimples ou compofées ; fimples, fi elles n'aident les efforts des hommes que par un moyen; compofées, fi l'on y emploie plufieurs moyens, en combinant plufieurs machines fimples.

On en diftingue ordinairement fix, que l'on regarde comme les plus fimples; le *Levier*, la *Poulie*, le *Treuil*, le *Plan incliné*, le *Coin*, & *les Cordes.*

Le nombre des machines compofées eft infini, & l'induftrie humaine les a multipliées bien au-delà des befoins : nous ne parlerons que des moins compofées, de celles qui s'éloignent fi peu de la fimplicité du levier, qu'on les met quelquefois au nombre des machines fimples.

MACHINES SIMPLES.

LE LEVIER. (*VECTIS*).

Le Levier, confidéré mathématiquement, eſt une ligne droite, inflexible & ſans peſanteur, à deux
points de laquelle ſont appliqués deux
poids qui font effort dans un même
plan, tandis qu'un autre point, qu'on
appelle *point d'appui* (fulcrum), eſt
le centre du mouvement.

Il y a trois manieres de diſpoſer
la puiſſance & la réſiſtance à l'égard
du point d'appui, ce qui fait diſtin-
guer trois genres de levier. Le point
d'appui eſt-il entre la puiſſance & la
réſiſtance ? Le levier eſt du premier
genre (Fig. 16). La réſiſtance
eſt - elle entre la puiſſance & le
point d'appui ? Le levier eſt du ſecond
genre (Fig. 17). Enfin le levier eſt
du troiſieme genre, ſi la puiſſance
eſt entre la réſiſtance & le point
d'appui (Fig. 18). La balance ordinaire, les ciſeaux, la pince ou le
pied-de-chevre, la baſcule, &c., ſont
autant de leviers du premier genre :
le couteau du Boulanger, les rames

d'un batteau font des leviers du fecond genre : les cifeaux *à tondre*, nos pincettes de cheminées , la grattoire des Chauderonniers , enfin les doigts, les bras , les jambes des hommes & des animaux font encore des leviers ou des affemblages de leviers du troifieme genre. Jufqu'ici nous venons de les fuppofer en ligne droite , mais fouvent on leur donne une autre direction : on les fait en angle, & ils s'appellent *leviers coudés* ; tels font ces petits leviers qui font aller les fonnettes ; telles font à la Machine de Marly les manivelles des roues , &c. (Ces leviers font du premier genre , & le point d'appui eft au fommet de l'angle).

Il y a équilibre dans le levier quand des poids égaux font fufpendus à égale diftance du point d'appui , ou, fi les poids font inégaux , quand les maffes & les diftances font en raifon inverfe (1).

______

(1) Il s'enfuit qu'un très-petit corps , s'il eft infiniment éloigné du point d'appui , peut enlever un corps infiniment grand placé près de ce même point ; voilà pourquoi Archimede difoit :

Dic ubi confiftam , terram , cœlumque movebo.

LA POULIE. (*TROCHLEA*).

La poulie est une roue de bois ou de métal qui tourne sur son axe dans une *chappe*, & qui a une rainure à sa circonférence pour recevoir une corde, aux deux extrêmités de laquelle sont la puissance & la résistance.

Ou la poulie est attachée à un point inébranlable, & elle se nomme *poulie fixe*, telles sont celles qui servent à monter le foin dans les greniers ; ou elle suit le poids, & elle s'appelle *poulie mobile*, telles sont celles qui sont attachées aux réverberes des rues.

Cette proposition n'a lieu que pour les leviers du premier & du second genre ; car dans ceux du troisieme, la puissance est plus près du point d'appui que la résistance ; aussi le levier du troisieme genre ne sert-il qu'à diminuer les forces quand elles sont trop abondantes.

Si le levier, considéré mathématiquement, est une verge inflexible sans pesanteur, il n'est pas de même dans la pratique, & il faut considérer son poids comme faisant partie de la puissance & de la résistance.

La poulie fixe eft un levier de la premiere efpece, & donne équilibre quand la puiffance & le poids font égaux : la poulie mobile eft un levier du fecond genre, & produit équilibre quand la puiffance eft à la réfiftance comme le rayon de la poulie eft à la *fous-tendante* de l'arc embraffé par la corde ; (ce font là les diftances) (1). On voit par là que la poulie fixe n'aide point la puiffance ; mais que la poulie mobile lui eft avantageufe.

Le Treuil. (*Axis in Peri-trochio.*

Le treuil eft un cylindre (*axis*) appuyé par fes deux extrèmités, qui, comme deux pivots, entrent dans des trous ou fentes ; on le fait tourner par le moyen d'une mani-velle, d'une roue ou de plufieurs bâ-

---

(1) La portion RZ de la circonférence (Fig. 1), eft un arc, & la ligne droite RZ en eft la *corde*, ou la *fous-tendante* : j'ai mis le mot *fous-tendante*, afin que l'on ne confonde pas la *corde* de l'arc avec la corde qui tire le poids.

tons engagés dans des trous , tandis qu'une corde qui s'entortille autour de lui leve ou tire des fardeaux : (le mot *peritrochion* vient de l'action de tourner.

Si le cylindre est posé horizontalement , la machine s'appelle *treuil* ; & s'il est perpendiculaire à l'horizon , elle prend le nom de *cabestan*. Le treuil sert à lever des pierres du fond des carrieres , & le cabestan est employé fur les ports pour tirer les vaisseaux , les marchandises , &c.

Le treuil ou le cabestan , car , à la position près , c'est la même machine , est un levier de la premiere espece , & le point d'appui est au milieu du cylindre. Il y aura donc équilibre quand la puissance sera à la résistance comme le rayon du cylindre est au rayon de la roue , ou à la longueur des bâtons où s'applique la puissance. On voit que plus la roue sera grande , plus on recevra de secours , fur-tout fi les ouvriers peuvent marcher dans la circonférence.

LE PLAN INCLINÉ.

Quand on veut faire monter un corps ou en modérer la defcente, s'il marche en ligne verticale, il faut en foutenir tout le poids, & alors la puiffance doit être égale à la réfiftance : pour obvier à cet inconvénient, on fe fert d'un plan incliné, c'eft-à-dire, d'un plan qui fait un angle aigu avec l'horizon. Toutes les charrettes fur lefquelles on porte du cidre ou du vin, font autant de plans que l'on incline pour faire defcendre ou monter les tonneaux par le moyen de cordes & de petits cabeftans qui tiennent à la voiture ; l'avantage de cette machine eft fenfible, puifque le poids du corps eft en partie foutenu par le plan : conféquemment, plus elle approchera de l'horizon, plus elle fera commode : pour qu'il y ait équilibre, il faut que la puiffance qui retient le poids foit à ce même poids comme la hauteur du plan eft à fa longueur.

LE COIN. (*CUNEUS*).

Le coin eſt une eſpece de priſme triangulaire, fait ordinairement d'une matiere très - dure , comme du fer , par exemple ; on l'emploie pour diviſer & fendre différents corps.

On peut le rapporter au plan incliné , en faiſant attention que ſes deux faces ſont vraiment deux plans inclinés, qui , d'un côté, forment la *tête* du coin , & de l'autre ſon *tranchant*.

LES CORDES. (*FUNES*).

Les cordes , comme on fait , ſont des corps longs & flexibles , compoſés de pluſieurs fils ou fibres de matiere d'animal ou de végétal : on les emploie communément pour changer la direction du mouvement, pour tranſporter la puiſſance dans un lieu plus avantageux , lier, ſerrer & arrêter des ſolides qu'on a beſoin d'unir ; elles n'augmentent

II. Partie.   G

ni diminuent par elles-mêmes l'intenſité des forces, à moins qu'elles ne ſoient trop longues ou trop peſantes ; dans ce cas, il faut eſtimer leur réſiſtance.

Les cordes diſpoſées en auſſi grand nombre qu'on veut pour tirer en différents ſens des poids & les tenir en équilibre, s'appellent *la machine funiculaire* ; c'eſt un aſſemblage de leviers.

DES MACHINES COMPOSÉES.

LA BALANCE, (*TRUTINA*), ET LA ROMAINE, (*STATERA*).

La balance eſt un levier du premier genre, au milieu duquel eſt placé le point d'appui ; elle n'eſt juſte qu'autant que les deux bras du *fleau* ſont bien égaux, & les cordes ou chaînettes qui ſoutiennent les baſſins, d'égale peſanteur, auſſi-bien que les baſſins.

La romaine ou le *peſon* eſt encore un levier du premier genre ; mais le point d'appui n'y tient

point le milieu entre les deux poids,
comme dans la balance ; aussi un
petit poids attaché à la branche la
plus longue fait-il équilibre avec
les plus grandes charges que l'on
suspend au bras le plus court ; cette
machine est d'un grand usage dans
les magasins.

LES MOUFFLES.

On appelle mouffles des assem-
blages de plusieurs poulies dans deux
chappes ; elles tournent quelquefois
sur un même axe ou *goujon* dans
chacune des chappes ; quelquefois
elles sont placées les unes au-dessus
des autres, avec un goujon chacune. On fixe une des chappes,
(qu'on appelle alors *mouffle fixe*)
à un point immobile ; & l'autre
(appellée *mouffle mobile*) au fardeau que l'on veut attirer vers la
mouffle fixe : on attache pour cet
effet le bout d'une corde à un point
inébranlable, & l'ayant fait passer
successivement sur chaque poulie de
chaque mouffle, on applique une
puissance à l'autre bout de la corde

pour la tirer : les cordages des vaiffeaux font chargés de ces fortes de
mouffles,

L A G R U E,

La grue eft une heureufe application du treuil & de la poulie :
une groffe poutre taillée en pointe
fert à foutenir & à faire tourner
aifément un long bec formé par une
groffe piece de bois, (c'eft là l'é-
tymologie du mot de grue) : fur
cette piece de bois il y a des poulies qui dirigent les poids, & em-
pêchent les frottements ; leurs cordes montent & defcendent à l'aide
du treuil.

L'avantage qu'on tire de cette
machine, eft de pouvoir, non-feu-
lement enlever, mais encore prendre à une affez grande diftance &
tranfporter à quelqu'endroit qu'on
le veuille, des fardeaux confidéra-
bles ; c'eft un grand moyen dans
les bâtiffes.

LES ROUES DENTÉES.

Les roues dentées tiennent encore à la poulie & au treuil ; engagées les unes dans les autres, la premiere n'eſt qu'une poulie dans laquelle paſſe la corde, & les autres ſont armées de dents à leur circonférence ; les dents de la ſeconde s'engrainent dans celles d'un pignon qui eſt au centre de la premiere ; les dents de la troiſieme ſont miſes en mouvement par celles d'un pignon qui eſt au centre de la ſeconde, & ainſi de ſuite juſqu'à la derniere, au centre de laquelle eſt un pignon ſans dents, ou plutôt une poulie dans laquelle paſſe la corde qui ſoutient le fardeau : il n'y a point de machine qui enleve de plus grands poids.

Le Cric en eſt un diminutif ; cet inſtrument eſt compoſé d'une groſſe barre de fer dentée, d'une roue dentée qui a un pignon dont les dents s'engrainent dans les dents de la barre de fer, & d'une manivelle dont le pignon s'engraine dans la roue dentée ; on ſait avec quel avantage les Voituriers s'en fervent pour tirer leurs charrettes d'un mauvais pas.

LA VIS, (*COCHLEA*).

Cette machine doit fe rapporter au plan incliné ; car ce n'eft autre chofe qu'un cylindre droit, autour duquel regne un filet compofé de deux plans inclinés : on appelle *fpire* un tour entier du filet de la vis, & l'intervalle qui fépare deux fpires confécutives, fe nomme *le pas de la vis. L'écrou* eft un folide fillonné intérieurement pour recevoir le filet de la vis, & on peut le regarder comme le moule de la partie de la vis qui s'y trouve engagée.

Quelquefois on applique la vis à une roue qui lui fert de pignon ; elle s'appelle alors *vis fans fin*, & elle fait autant de tours que la roue a de dents ; telles font les vis des tourne-broches.

De tout ce que nous venons de dire, on peut conclure que dans une machine compofée, la puiffance eft à l'effet en raifon compofée des

rapports de chaque machine fimple dont l'affemblage forme la
machine compofée ; mais il faut,
dans ce calcul , s'attendre à de
grands déchets de la part des frottements.

DE HYDROSTATICA,

SEU

DE FLUIDORUM ÆQUILIBRIO.

FLUIDUM vulgò poſt Newtonem definiunt Phyſici congeriem *corpuſculorum cujus partes cuique impreſſioni facilè cedunt , & cedendo , liberrimè moventur & agitantur :* hìnc concludendum eſt partes fluidorum eſſe ſphericas (1).

---

(1) L'objet de l'hydroſtatique eſt de mettre en équilibre , tantôt deux fluides homogenes , tantôt deux fluides hétérogenes , & tantôt les ſolides avec les fluides.

Nous apprenons par la comparaiſon des ſolides avec les fluides , qu'un corps ſolide , tel qu'un morceau de bois , déplace dans le fluide où il eſt plongé un volume égal au ſien ; d'où il ſuit que s'il a plus de gravité que le volume de fluide qu'il chaſſe , il va au fond & perd tout ſon poids ; s'il eſt d'une égale gravité , il reſte en place , ſans ſurnager & ſans aller au fond : mais il ne perd de ſon poids qu'à raiſon

PROPOSITIO I.

Fluida ponderant in propriis locis.

PROBATUR. Idem sit judicium de

---

de ce qu'il a déplacé de fluide. Enfin, s'il a moins de gravité spécifique, il surnage & conserve tout son poids ; c'est ce qu'il est fort aisé de vérifier, en attachant à l'un des bras d'une balance une bille d'ivoire qui entre par dégrés dans un vase rempli de quelque liqueur, tandis que dans le bassin de l'autre bras de la balance on estime par des poids ce que la bille perd de sa pesanteur ; & comme un solide s'enfonce d'autant plus que la liqueur dans laquelle il entre est moins dense, & d'autant moins qu'elle est plus épaisse, on a par là même un moyen sûr & facile d'estimer les densités spécifiques des fluides & des solides.

La comparaison des fluides homogenes nous fait voir que si l'on verse dans un tube communiquant, de l'eau seule, ou de l'esprit-de-vin seul, ou du mercure seul, &c., la liqueur se tient de niveau, c'est-à-dire, s'éleve à la même hauteur dans les deux branches du tube ; cette proposition & toutes celles qui en dépendent, sont prouvées dans le Texte.

On établit dans la comparaison des fluides hétérogenes, que quand deux liqueurs

cæteris fluidis, ac de aqua in vafe contenta, jam verò aqua ponderat, &c.;
nam pars aquæ fundum vafis occu-
pans, premitur à parte incumbente;
undè fi vafis latus propè bafim perfo-
retur, eò longius exfilit aqua quo al-
tior fuerit aquæ moles in vafe contenta; ergo, &c.

---

eomme le mercure & l'eau, par exemple,
font verfées dans les deux branches d'un
tube communiquant, le mercure qui eft
14 fois plus denfe que l'eau, monte 14
fois moins dans fa branche que l'eau dans
la fienne; ce que l'on exprime d'une maniere générale, en difant que la *hauteur
des fluides hétérogenes eft en raifon inverfe
de leurs denfités.*

L'hydrodynamique eft la fcience du mouvement des fluides, & fon objet eft de déterminer quelles loix fuivent les eaux,
dans leur écoulement, par le trou d'un
vafe; dans leur choc perpendiculaire ou
oblique contre les furfaces des folides;
dans leur élévation, par les jets d'eau; dans
leur courfe, quand elles font réunies en
fleuve; dans leur diftillation, quand elles
concourent à former des fontaines, &c.

L'hydraulique eft l'art de conduire les
eaux d'un lieu à un autre, d'après les loix
qu'elles fuivent dans les différentes marches
que nous venons d'énoncer: nous euffions
traité toutes ces queftions avec autant de
plaifir qu'elles font curieufes, fi elles n'euf-
fent dû nous mener trop loin.

Obj. Urinator (*un plongeur*) incumbentis aquæ pondus non fentit ; fitulam (*un feau*) aquâ plenam huc & illuc facilè promovemus quandiù intrà putei vel ftagni aquam remanet : ergo aqua non ponderat in proprio loco.

Neg. conf. 1°. Natator non fentit aquæ pondus quia omnes aquæ partes, cum fint in æquilibrio , mutuò fe fuftinent in omnem fenfum ; 2°. fitulam aquâ plenam & immerfam in fluido facilè agitamus quia fuftinetur ab æquali aquæ volumine; ergo, &c.

PROPOSITIO II.

Liquores in aliquo vafe contenti , fi nullá externâ vi premantur , fed fibi permittantur , femper componuntur ad libellam (de niveau) & fic in æquilibrio confiftunt.

PROBATUR. Fluidum dicitur componi ad libellam quando externa ejus fuperficies horizontalis eft ; id eft, æqualiter ubiquè diftans à centro terræ : atqui fuperficies fluidi fibi per

miſſi debet eſſe, &c. ; ſi enim inæqua-
lis eſſet , columnæ altiores in humilio-
res agerent eaſque depellerent , uſque-
dum liquor totus effluxiſſet ; ergo ,
&c. ; jàm verò hæc omnium columnarum æqualitas nihil eſt aliud quàm
æquilibrium ; ergo , &c.

PROPOSITIO III.

*Liquores in vaſe contenti premunt
ratione baſis & ſimul ratione altitudinis.*

PROBATUR. Quo major eſt (tubi)
baſis eò plures ipſi incumbunt columnæ liquoris ; & quo major altitudo ,
eò longiores incumbunt columnæ ;
ergo , &c.

PROPOSITIO IV.

*Preſſio liquorum æqualis eſt producto
baſis per altitudinem.*

Hæc propoſitio probatur experientiâ & ratiociniis explicatur.

1°. Sic experientia ; ſumpſerunt ce-
leberrimi Phyſici , quos inter Paſ-

chal, vafa quibus diverfæ omninò figuræ, fed bafis eadem, eademque altitudo erant; impletis aquâ his omnibus vafis, detexerunt Phyfici ope fundorum mobilium quos funis per trochleam fuftentabat, eadem omninò pro omnibus requiri pondera: quid indè concludere pronum fuit? liquores ponderare fuprà bafim in ratione compofitâ bafis & altitudinis quæcunque fit aliundè vaforum figura.

2°. Hæc funt ratiocinia: fupponamus cylindrum rectum (Fig. 19) & conum rectum (Fig. 20) quibus eædem fint bafis & altitudo: atqui preffio in utroque debet æqualis effe; res enim ita eft fi columna media utriufque premat æqualiter, & fi columnæ collaterales in utroque tam premant quàm columna media: atqui hæc duo certa funt; 1°. columna media, &c., eft enim æquè alta: 2°. columnæ collaterales tàm, &c.; nam in cylindro funt omnes cùm mediâ æquales; in cono verò licet ab apice ad bafim ufque decrefcant, nifus æquales exerunt, quia per parietes inclinatos in gradu tenfionis continentur qui vi cylindricarum liberæ æquivalet, ergo , &c. (1).

Solvuntur objectiones.

Obj. 1°. Supponantur duo vasa quibus eadem basis, sed quorum unum altero sit quadruplò altius : atqui pressio in utroque non sequitur rationem basis & altitudinis ; nam si fiat apertura æqualis in basi utriusque, constat experientiâ effluxuram esse quantitatem aquæ duplam tantùm per idem tempus ex vase quadruplo ; jàm verò aqua non effluit nisi propter pressionem : ergo pressio non est quadrupla in vase quadruplo, seu non est productum basis per altitudinem.

℞. Admitto experimentum & nego cons. Quantitas enim aquæ dupla non potest eodem tempore per idem foramen exire, nisi cùm velocitate duplâ : atqui moles dupla multiplicata per velocitatem duplam dat effectum quadruplum ; ergo , &c.

Obj. 2°. Supponamus cylindrum

---

(1) Comme cette these est célebre dans les examens , j'y joins les objections que l'on peut faire.

rectum & conum truncatum inver-
fum (Fig. 21): atqui preffio in hoc
utroque vafe non poteft æqualis effe,
quamvis eædem fint bafis & altitudo ;
longè major enim eft aquæ copia in
uno quàm in altero ; & in vafe co-
nico, præter molem aquæ moli cylindricæ parem, adfunt columnæ incumbentes in latera vafis inclinata ,
quarum preffio ad bafim pervenire debet ; ergo , &c.

℟. Admitto hypothefim , fed nego
preffionem columnarum lateribus in-
cumbentium ad bafim pervenire debere ; fuftinentur iftæ columnæ fuprà
latera , & fola moles par cylindricæ
preffionem exercet in bafim quam occupat fola ; ergo , &c.

Inft. Si refponfio valeret , nulla
exercetur preffio , vel ferè nulla in
cylindro inclinato (Fig. 22) ; atqui
tamen æqualis eft preffioni quæ fit in
cylindro recto ejufdem bafis & altitudinis ; ergo , &c.

Neg. maj. Non enim eodem modo
fpectandus eft aquæ nifus in cylindro
inclinato ac in aliis vafis huc ufque
memoratis, id eft , non per columnas
perpendiculares agit, fed per lamel-
las (*couches*) in fe invicem horizon-

taliter incumbentes ; ergo, &c.

Obj. 3°. Si preſſio foret æqualis in cylindro & cono, v.g.., qui cylindrum & conum utraque manu geſtaret, pondus idem deberet ſentire ; falſum conſequens ; ergo & antecedens.

Neg. maj. Sedulò enim diſtinguendum eſt pondus liquoris abſolutum à preſſione quam exercet ; pondus oritur à quantitate materiæ ; preſſio à natura fluidi : hinc ſi fundus vaſis adhæreat parietibus , ſentitur pondus molis aquæ ; ſed ſi baſis mobilis ſupponatur , ſentitur ſola preſſio (1).

---

(1) Il eſt aiſé de croire, d'après cette propoſition , que la plus petite quantité d'eau peut produire un effet prodigieux, ſi elle agit dans un tube dont le fond ſoit large & le corps très-délié & très-long; la force eſt la même que ſi le vaſe étoit de la même groſſeur dans toute ſa longueur : auſſi eſt-ce une puiſſante machine hydroſtatique, connue ſous le nom de *Levier d'eau.*

AEROMETRIA ,

AEROMETRIA,

SEU

DE PROPRIETATIBUS ET EFFECTIBUS AERIS.

PROPOSITIO I.

Aër eſt gravis.

PROBATUR. Illud fluidum grave eſt quod deſcendit in loca infrà ſe excavata : atqui aër deſcendit in &c. ut experientia conſtat.

Et certè aër gravis eſt, ſi additus alicui corpori, corpus illud gravius efficit : atqui, &c. ; ſic folliculus aëre turgidus flaccido ponderoſior eſt ; ſic globus vitreus aëre plenus appenſus extremitati bilancis æquilibrium ſervat cùm alio pondere ; ſervare jam nequit exhauſto aëre ; ergo, &c.

Obj. 1°. Si gravis eſſet aër, veſica aëre plena deberet aquis immergi altiùs quàm veſica flaccida : atqui tamen contrarium docet experientia ; ergo, &c.

II. Partie. H

Neg. maj. Vesica enim aëre plena, cùm majus habeat volumen, quàm vesica flaccida, majori correspondet aquæ quantitati ; hinc faciliùs ab aqua sustinetur (1).

Obj. 2°. Si aër gravis esset, non tenderet sursùm : atqui tamen, &c. ; ergo, &c.

Nego maj. Ex eo quod aër sursùm tendat, id unum sequitur, nempè aërem non tam gravitare quàm corpora quibus supereminet ; quemadmodùm ex eo quod lignum aquis supernatet, sequitur ipsum non tam gravitare quam par aquæ volumen, nullatenùs autem lignum esse sine pondere.

Obj. 3°. Si aër gravis esset, ipsius pondus super nostra corpora sentire deberemus : atqui tamen non sentimus ; ergo, &c.

____

(1) C'est par la même raison que les oiseaux se soutiennent si facilement dans l'air ; la forme de leur corps & l'expansion de leurs plumes leur donnent un volume respectivement plus léger ; un poisson veut-il nager à fleur d'eau ? Il dilate sa vessie. Veut-il plonger ? Il la resserre. Le cadavre d'un noyé ne vient à la surface de l'eau, que quand, par la dissolution des chairs, son volume est plus grand, &c.

Neg. maj. Nam preſſio aëris externi ſuſtinetur & æquilibratur ab aëre quem continemus intrà nos; deindè preſſio aëris eſt preſſio uniformis & æqualis ubique; hinc fit ut nulla pars corporis noſtri gravetur (1).

PROPOSITIO II.

Aër eſt elaſticus.

PROBATUR. Corpus quod poteſt comprimi, & quod ſublatâ compreſſionis causâ in ſuum priſtinum ſtatum reſtituitur, eſt corpus elaſticum: atqui aër poteſt, &c., ut conſtat innumeris experimentis quorum familiarius eſt follis qui aëre plenus, eo magis complanatur quo magis comprimitur, & deſinente compreſſione reſilit in priſtinum ſtatum; ergo, &c. (2).

---

(1) Cependant la preſſion de l'air, ſur toute la ſurface du corps de l'homme, eſt évaluée à 36,480 liv.

(2) C'eſt même le corps dont le reſſort ſe conſerve le plus long-temps; car il peut reſter juſqu'à 16 ans comprimé dans un fuſil à vent.

PROPOSITIO III.

Ascensio & suspensio liquorum in tubis & anthliis (pompes) , ad certam altitudinem , repetendæ sunt à pressione aëris.

PROBATUR. Aër tum per gravitatem tum per elaterium premit corpora subjecta : atqui positâ illâ pressione, liquores intrà tubos & anthlias ascendere debent , & ad certam altitudinem remanere pensiles, ità ut altitudo illa diversâ sit pro diversa gravitate liquorum.

1°. Quidem ascendere debent ; nam positâ pressione aëris omnes partes superficiei liquorum cui incumbit tubus vel anthlia, premuntur, exceptâ parte quæ correspondet orificio tubi vel anthliæ (extremitas tubi superior clausa supponitur ; in anthlia verò *embolus*, le *piston*, impedit, ne aër ad basim perveniat); jàm verò est de naturâ fluidorum ut pressa confugiant quà minor occurrit resistentia ; ergo , 1°. , &c.

2°. Ad certam altitudinem , &c ; nam obedire non possunt aëris pres-

fioni , nifi toti hujus preffionis inten-
fitati pareant : aliundè hæc intenfitas.
eft limitata & liquores magis minufve.
funt graves ; ergo, 2°. , &c. (1).

___

(1) Les Péripatéticiens , jufqu'aux jours.
de Galilée , citoyen de Florence, & Mathé-
maticien du Grand-Duc de Tofcane , n'a-
voient vu par-tout que des qualités occul-
tes , des fympathies , des antipathies qu'ils
regardoient comme les feules caufes de tous.
les phénomenes phyfiques ; & ils étoient,
dans l'opinion que toutes les liqueurs devoient monter aux plus hautes diftances ,
parce que la nature avoit *horreur du vuide.* Ce ne fut pourtant point Galilée qui
eut la gloire de découvrir & de bannir cette
erreur ; mais Toricelli , fon illuftre difci-
ple. Voici le fait : le Jardinier ou Fontai-
nier du Grand-Duc voulant conduire l'eau
d'un baffin fur une hauteur de 60 pieds ,
avoit conftruit une pompe de 80 pieds ;
mais il eut beau la faire jouer , l'eau ne
monta dans le corps de la pompe qu'à la
hauteur de 31 à 32 pieds , quoique le pif-
ton s'y élevât bien plus haut. Surpris de ce
défaut qu'il étoit bien éloigné d'attribuer à
fa machine , il confulta Galilée : le Mathé-
maticien fentant toute la difficulté , fans en
voir la folution , répondit , pour l'éluder ,
*que fi les liqueurs montoient , c'eft que la na-
ture avoit herreur du vuide ; mais que cette
répugnance n'alloit que jufqu'à la hauteur.
de 32 pieds.* Cependant curieux de trouver
la véritable explication , il fit part de la dif-

Solvuntur objectiones.

Obj. 1°. Si afcenfio liquorum ori-

ficulté à Toricelli : celui-ci la réfolut par une très-belle expérience, que mille grands Phyficiens ont mille fois réitérée; il prit un tube de verre, long de 3 pieds à peu près, en ferma hermétiquement (avec la matiere même du verre) un orifice, plongea l'autre dans un baffin rempli de vif-argent, vit le mercure monter, & après quelques balancemens fe fixer à 27 pouces & quelque chofe. Or, comme il favoit que le mercure eft 14 fois plus pefant que l'eau, & que 27 pouces font le quatorzieme de 32 pieds, il conclut que la même caufe qui faifoit monter l'eau dans la pompe à 32 pieds, faifoit auffi monter le mercure dans fon tube à 27 pouces. On ne pouvoit plus avoir recours à l'*horreur du vuide*, fans donner à la nature une bizarrerie inexplicable; la derniere conclufion fut donc qu'il fálloit attribuer ce phénomene à la preffion de l'Athmofphere.

Que n'a-t-on pas fait depuis Toricelli, pour mettre cette vérité dans le plus grand jour ! Si la colonne d'air, difoit Pafchal, eft la caufe qui fait monter le mercure dans le tube de Toricelli, comme elle eft plus longue à la racine d'une haute montagne qu'au fommet, fon effet doit y varier, & le mercure doit être plus élevé à la racine qu'au fommet. Ce raifonnement de

retur à preſſione aëris, quo longior
foret columna, eo magis liquor aſ-
cenderet : atqui hoc falſum eſt ; nam
in Machina Marliaca longior eſt aëris
columna quæ flumini incumbit, quàm
columna imminens receptaculo quod
in montis declivitate ſitum eſt : atqui
tamen aqua receptaculi ad majorem
aſcendit altitudinem quàm aqua fluminis; ergo, &c.

Neg. primam minorem, & ad
probationem ex Machinæ Marliaca
petitam.

Paſchal fut parfaitement d'accord avec l'expérience qu'il en fit ſur une des plus hautes montagnes d'Auvergne (le Pui de
Dome).

Si l'on met un tube de barometre ſous
le récipient de la machine Pnéumatique
(machine du vuide), il y reſte à la même
hauteur qu'à l'extérieur, parce que les parois du récipient donnent à l'air un dégré
de tenſion égal à la force qu'il a dehors ;
mais vient-on à pomper cet air pour le
raréfier ? Le mercure deſcend au premier
coup de piſton, & il eſt aiſé d'en ſuivre
la dépreſſion à chaque coup ſuivant. Rend-
on l'air graduellement ? Le mercure remon-
te peu à peu. Pourroit-on d'après ces expériences ne pas conclure que la preſſion ſeule
de l'air eſt la cauſe de *l'aſcenſion* & *de la*
ſuſpenſion des liqueurs dans, &c. ?

Dift. min. Aqua receptaculi altiùs afcendit quàm aqua fluminis , quia preffio aëris in fuperficiem fluminis non tota impenditur ad aquam fluminis attollendam , conc.; & tota impenditur , nego.

Reverà fi aëris columna tota effet in attollenda fluminis aqua in anthlias quemadmodum tota eft in attollenda aqua receptaculi , altiùs aqua fluminis afcendere deberet , utpotè quòd longior fit columna in radice montis quàm in loco receptaculi ; fed non tota impenditur aëris columna ad attollendam fluminis aquam ; priùs enim quàm aqua poffit in anthlias elevari , fiftendus eft fluminis curfus ; jam verò non poteft aëris columna motum aquæ currentis retardare & fimul tranquilliorem aquam in anthlias intromittere , quin debilior evadat ad attollendum ; ergo , &c.

Obj. 2°. Si hydrargyrum (*le mercure*) in tubo Toricelliano fufpenderetur propter aëris preffionem , tam fufpenfum manere deberet , quando tubus in vafe aquâ pleno immergitur, quàm cum immergitur in vafe hydrargiri pleno : atqui tamen defcendit , fi vas aquâ plenum fit ; ergo , &c.
Nego

Nego maj. Hydrargiri enim partes non ita inter se cohærent quin plura inter eas disseminentur intestitiola ; jam vero aqua quæ ingreditur ubi minorem resistentiam reperit, ascendit intra prædictos hydrargiri poros; columnas hydrargiri quibus immiscetur leviores efficit & attollit ; istæ attolli non possunt quin cæteræ deprimantur; rumpitur ergo æquilibrium , totumque hydrargirum præceps ruere debet; ergo , &c.

Inst. Si valeret allata responsio aër se intrà poros liquorum insinuans, liquores eodem modo detruderet ; falsum consequens , ergo & antecedens.

Nego maj. 1°. Aër jam inclusus in liquorum poris, resistit ascensui alterius ; 2°. aër non facilè transit per meatus quos aqua subit ; ut patet exemplo vesicæ suilæ quæ aquæ pervia est , non aëri ; ergo , &c.

Obj 3°. Si suspenderetur hydrargirum in tubo, propter aëris pressionem, eadem esse non deberet ipsius altitudo in cubiculo clauso ac in aperto campo ; columna enim aëris longè minor est in cubiculo quàm in aëre patenti : atqui tamen eadem est altitudo ; ergo , &c.

II. Partie.   I

Nego maj. Responsio eadem est quæ jam facta fuit ubi de tubo qui sub recipienti Machinæ Pneumaticæ supponitur ; id est , tabulata cubiculi aërem in gradu compressionis retinent æquivalenti viribus aëris externi ; ergo , &c. cætera lectoris meditationi relinquuntur (1).

---

(1) Il est des tubes que l'on nomme *Capillaires*, parce que leur diametre est extrêmement petit, & dans lesquels la liqueur monte suivant des loix particulieres : on ne peut les expliquer par la pression de l'air, & nous les remettrons à la fin de la Physique spéciale.

PHYSICA SPECIALIS.

HACTENUS in Physica generali varias expofuimus corporum proprietates : nunc agendum eft fpeciatim de corporibus mundum hunc conftituentibus & inveftigandum quid fingulis proprium fit ac fpeciale ; duæ autem diftinguntur præcipuæ mundi partes, cœlum nempè & terra ; hanc itaque Physicam fpecialem in duas partes dividemus quarum prior fitum, difpofitionem variaque phænomena corporum cœleftium indagat, & vocatur *Aftronomia* ; pofterior verò de variis terræ partibus differit, & *Geologia* dicitur.

ASTRONOMIA.

TRIPLEX diftinguitur Aftronomia ; fcilicèt , *apparens*, *fyftematica*
& *phyfica.*

Aftronomia apparens feu *vifibilis* ,
eft ea difpofitio corporum cœleftium
qualis oculis noftris apparet.

Aftronomia fyftematica feu *vera* ,
eft illa corporum cœleftium difpofitio
non qualis oculis apparet , fed qualis
eft in fe.

Aftronomia phyfica ea eft quæ genuinas aperit caufas & rationes profert phyficas ejufmodi apparentiarum,

DE ASTRONOMIA VISIBILI,
S I V E
DE SPHÆRA ARMILLARI (1).

IN sphæra tria notari debent , nempè *puncta* , *lineæ* & *circuli.*

---

(1) Si nous nous en tenions au rapport de nos yeux , nous croirions que la terre est immobile , & que le soleil , avec tous les autres astres , fait sa révolution autour d'elle ; nous jugerions que les planetes , tantôt vont plus vîte , tantôt s'arrêtent , & tantôt reculent ; nous donnerions au soleil environ un pied de diametre , un peu plus à la June , &c. , &c. Qu'un homme soit astronome ou non , voilà ce qui frappe ses sens : cependant il ne saura pas observer & suivre tous les mouvements, s'il ne sait distinguer les différentes parties du Ciel & de la Terre ; c'est ce qui engagea Ptolomée , célebre Astronome, qui vivoit à Alexandrie vers l'an 120 de l'ere Chrétienne, à composer une Sphere , par le moyen de laquelle on pût se figurer toutes les révolutions des Astres sur quelque point de la Terre qu'on fût placé ; on l'appelle aujourd'hui *Sphere de Ptolomée,* du nom de son Auteur , ou *Sphere Armillaire,* parce qu'elle est formée de cercles entrelacés comme des anneaux , & que *armillus* en latin signifie anneau.

I 3

De Punctis.

Novem præcipua numerantur, scilicèt *centrum, duo poli mundi, duo poli horizontis, duo poli zodiaci, oriens & occidens.*

Centrum est punctum in medio sphæræ totius existens à quo cætera superficiei puncta distant æqualiter.

Poli mundi sunt duo puncta in superficie sphæræ, quibus tamquàm cardinibus tota volvitur compages ; ex his alter dicitur *Polus Septentrionalis*, vel *Polus Borealis*, vel *Polus Arcticus* ; alter verò *Polus Meridionalis*, aut *Polus Australis*, aut *Polus Antarcticus* (1).

____

(1) Le Pole du Nord est appellé *Septentrional*, parce qu'il se trouve dans la partie du monde où sont placées les sept Étoiles célébrées par les Poëtes sous le nom de Sept-Trions, *septemtriones* ; *Boréal*, à cause du vent Borée ; *Arctique* du mot grec αρχτος, qui signifie *Ourse*. (On connoît la fable de Califto, que Junon, pour se venger des infidélités de Jupiter, métamorphosa en Ourse & plaça dans une partie du Ciel, où ses amours avec le Souverain des Dieux, puffent être toujours éclairés. Voilà pourquoi les Poëtes ont dit

Poli Zodiaci funt duo puncta in fuperficie fphæræ, quibus volvuntur ab occafu in ortum planetarum or- bes ; alter dicitur *Septentrionalis* quia diftat à Polo Septentrionali 23 gra- dibus cum dimidio ; alter verò dici- tur *Meridionalis*, quia eadem quan- titate diftat à Polo Meridionali mundi.

Poli Horizontis funt duo puncta in fuperficie fphæræ, quibus volveretur *Horizon*, fi moveretur circà feipfum ; alter imminet vertici noftro undè no- minatur *verticale* & Arabicè *Zenith* ; alter huic oppofitus, directè pedibus noftris fubjicitur & vocatur Arabicè *Nadir*. *Oriens* eft punctum in quo fol oritur ; *Occidens* verò eft punctum in quo fol occidit.

Cùm autem fol quotidiè locum or- tûs & occasûs fui mutet in *Horizonte*,

---

que cette conftellation ne fe couchoit ja- mais ; (effectivement le pays des Grecs & des Romains eft tellement fitué fur le globe, qu'on ne doit point y voir la Gran- de Ourfe paffer fous l'horizon).

Le Pole oppofé, celui du Midi, fe nom- me *Meridional* de *Meridies* ; *Auftral*, du vent appellé *Aufter* ; & *Antarctique*, de fon oppofition avec le Pole *Arctique* (Αντι).

I 4

per sex menses à Meridie ad Septentrionem accedens, & per sex alios menses à Septentrione ad Meridiem revertens, tot sunt Orientis & Occidentis puncta quot dies in sex mensibus continentur. Tria tamen vulgò distinguntur præcipua Orientis & Occidentis apparentis puncta, nempè *æstiva, æquinoctialia & hyberna.* Oriens & Occidens æstiva sunt puncta in quibus sol oritur & occidit *ineunte Æstate*, die Junii circiter 21ᵃ. Oriens & Occidens æquinoctialia sunt puncta in quibus sol oritur & occidit ineuntibus *Vere & Automno*, die Martii circiter 21ᵃ., & die Septembris pariter 21ᵃ.

Denique Oriens & Occidens Hyberna sunt puncta in quibus sol oritur & occidit ineunte Hyeme, die Decembris 21ᵃ.

De Lineis.

Lineæ sphæræ sunt *Diametri & Axes* : diametri sunt lineæ rectæ transeuntes per centra circulorum & terminatæ ad puncta circumferentiæ opposita ; Axes (*les essieux*) sunt lineæ transeuntes per centra circulorum &

in eorum plana perpendiculares quarum extremitates dicuntur *Poli* : axem
suum habet tota sphæræ machina
circà quem volvitur & qui dicitur
Axis mundi.

De Circulis.

Circuli sphæræ, alii *majores*, alii
minores dicuntur.

Circuli majores illi sunt qui sphæram dividunt in duas partes æquales,
& proindè idem habent ac sphæra
centrum.

Circuli minores illi sunt qui sphæram in duas partes inæquales dividunt, & non idem centrum habent
ac sphæra.

De majoribus circulis.

Sex numerantur, nempè *Horizon*,
Meridianus, *Æquator*, *Zodiacus* &
duo Coluri ; cùm autem coluri susti-
nendæ potiùs quàm explicandæ sphe-
ræ inserviant, nihilque sint aliud
quàm meridiani, illos omittimus.

De Horizonte.

Horizon eſt circulus major terminans noſtrum aſpectum in circuitu , &
dividens ſphæram in duas partes æquales , ſeu *hemiſpheria* quorum unum
dicitur *ſuperius* , & alterum *inferius.*

Horizon duplex eſt ; *rationalis* nempè
ſeu *mathematicus* , & *ſenſibilis* ſeu
apparens.

Horizon rationalis ſeu mathematicus ille eſt qui concipitur tranſire
ſuo plano per centrum terræ & ſphæram in duas medietates ad amuſſim
dividere.

Horizon ſenſibilis ſeu apparens ,
eſt planum rotundum quod in ſuo
circuitu complectitur quæcunque
in terræ ſuperficie objecta videmus (1).

---

(1) Nous ſommes bien loin de voir la
moitié de notre globe ; nous ne découvrons
ſur ſa ſurface qu'une portion plus ou moins
grande d'objets qui nous préſente un eſpace arrondi ; nous occupons le centre de
cet eſpace , il marche avec nous & ſemble
gliſſer ſur la ſurface de la terre , de façon
qu'en avançant nous perdons de vue les
objets qui ſe trouvoient derriere nous , &
il s'en offre de nouveaux en avant : cette

Horizon infervit ad indicandum ortum & occafum folis aliorumque fiderum ; nam oriri dicuntur cùm fuprà Horizontem affulgere incipiunt, occidere verò cum infrà Horizontem delabi videntur ; notetur ergo punctum in circumferentia hujus circuli & erit punctum ortûs vel occasûs.

De Meridiano.

Meridianus eft circulus major qui tum per mundi Polos, tum per *Zenith* & *Nadir* tranfit fphæramque fecat in duo hemifpheria quorum unum *Orientale* eft & alterum *Occidentale*.

Infervit ille circulus, 1°. ad indicandam vel mediam diem, vel mediam noctem: nam ubi fol afcendens ab ortu meridianum attigit, media dies eft iis qui fub eodem meridiano degunt ; contrà verò media nox populis qui infrà verfantur in altero hemifpherio. 2°. Ad determinandam

---

marche de notre horizon doit nous faire croire que les étoiles s'avancent fur notre tête, & elle nous fervira à expliquer pourquoi le Pole du Nord nous paroît élevé de 49 degrés.

positionem alicujus loci versùs Meridiem aut versùs Septentrionem, seu ejusdem loci distantiam ab *Æquatore* ultrà vel citrà, quæ quidem distantia dicitur *latitudo* Meridionalis aut Septentrionalis. (Mensuratur latitudo per gradus Meridiani, utpote quòd iste circulus procedat à Meridie ad Septentrionem).

De Æquatore.

Æquator est magnus sphæræ circulus æqualiter ab utroque mundi polo dissitus ac proindè sphæram dividens in duo hemispheria quorum unum *Meridionale* est, alterum verò *Septentrionale.*

Circulus iste vocatur *Æquator* quia dum percurritur à sole dies sunt noctibus æquales ubique terrarum die 21 Martii & 21 Septembris (exceptis polis, ut modò videbimus) ; dicitur etiam *linea æquinoctialis*, vel simpliciter *linea* (la ligne) quia per lineam exhibetur in mundi mappis.

Usus æquatoris est indicare distantiam alicujus loci à primo & fixo Meridiano versùs ortum aut versùs occasum, hæcque distantia, dicta *lon-*

gitudo, menfuratur per gradus Æquatoris quippe quòd ifte circulus ab ortu in occafum dirigatur (1).

---

(1) Si l'on connoît bien le Méridien & l'Equateur, il eft aifé d'avoir une notion exacte de ce que l'on appelle *Latitude* & *Longitude* terreftres.

Suppofons un homme placé en Ethiopie fous l'Equateur, il ne fera pas plus près du Pole *Nord* que du Pole *Sud*, & par là même il n'aura aucune *latitude*; voilà pourquoi on met *o* de degrés au point du Méridien qui répond à l'Equateur. Mais que cet homme avance vers le Nord, qu'il vienne à Paris, par exemple, fans quitter le Méridien qui paffe fur fa tête, la diftance où il fe trouvera de l'Equateur eft fa latitude Septentrionale, qui doit naturellement fe mefurer fur l'arc du méridien qu'il a parcouru; la même chofe doit arriver en partant de l'Equateur pour aller au Midi; & ce qui fe dit d'un voyageur, doit s'entendre d'une Ville, d'un objet quelconque placé fur la furface du globe. Suppofons maintenant notre voyageur dans l'Ifle de Fer, qui eft la plus occidentale des Canaries : là il n'a aucune *longitude*, (parce que pour éviter la confufion qu'occafionnoient les différens Méridiens des différentes Nations, Louis XIII ordonna que les Géographes feroient dorénavant paffer la ligne du premier méridien qui devoit fervir de point fixe, par l'Ifle de Fer, & cette réfolution prife le 25 Avril 1634,

De Zodiaco.

Zodiacus eſt circulus major qui

ſur les avis des premiers Mathématiciens de l'Europe , aſſemblés dans l'Arſenal de Paris , par l'ordre du Cardinal de Richelieu , a été ſuivie de toutes les Nations); mais s'il s'avance vers l'Orient , toujours ſous l'Equateur , la diſtance où il ſe trouvera du premier méridien ſera ſa longitude , & elle doit s'eſtimer ſur les degrés de l'Equateur qu'il a parcourus ; il en ſeroit de même s'il eût été vers l'Occident.

Nous venons de ſuppoſer que le voyageur , dans ſa latitude , avoit toujours ſuivi le même méridien , & toujours l'Equateur dans ſa longitude ; & cependant les voyages ne ſe font pas ainſi : on s'écarte à droite , à gauche , en changeant perpétuellement de *zénith* , & l'on fait en même temps de la longitude & de la latitude ; mais il eſt facile de rapporter le chemin fait en longitude ſur l'Equateur , & le chemin fait en latitude ſur le Méridien ; c'eſt pour cette raiſon que dans les Cartes de Géographie la hauteur eſt partagée en lignes qui repréſentent les Méridiens (les degrés ſont à la marge du Nord au Sud) & la largeur en d'autres lignes qui repréſentent l'Equateur , & qu'on appelle *Paralleles* (les degrés ſont à la marge d'Occident en Orient). De maniere que pour

obliquè fecat Æquatorem & in fua
obliquitate angulum cum ipfo efficit
23 graduum cum dimidio : ftrictè
loquendo circulus non eft , fed zona
cui Aftronomi latitudinem (*largeur*)
adfcripferunt 16 graduum , quia in
ea planetæ omnes fuas revolutiones
conficiunt , & alii magis , alii minus
hinc & indè vagantur.

---

déterminer la pofition d'une Ville en longitude & latitude , il faut chercher l'endroit où fe croifent les deux efpeces de
lignes en formant un petit carré.

On pourroit demander ici pourquoi fi
la terre eft ronde , comme on le fuppofe ,
on diftingue une longueur & une largeur ;
car voilà ce que fignifient longitude & latitude : c'eft que l'on n'a pas voulu s'écarter du langage des anciens Géographes ,
tels que Ptolomée , qui , connoiffant une
étendue de terre plus grande d'Occident en
Orient , que du Midi au Nord , ont dû naturellement donner le nom de *longitude* à
l'efpace qu'ils connoiffoient le plus étendu ,
& celui de *latitude* à l'autre.

Je ne parlerai pas de la *longitude en mer* ;
on fait qu'elle confifte à déterminer d'une
maniere exacte fi un vaiffeau avance vers
l'Orient ou vers l'Occident : c'eft un grand
problême , à la folution duquel on travaille
depuis long-temps ; on la dit enfin trouvée.

Zodiaci latitudo dividitur in duas partes æquales per *eclipticam* quemadmodùm rota filo circumvolvitur.

Ecliptica verò exhibet iter quod sol constanter per annum sequitur hujus gradum unum singulis describendo diebus; & dicitur *Ecliptica* quia in ea contingunt planetarum *Eclipses.*

Zodiacus dividitur in partes 12 quæ vocantur *Signa* & sunt Constellationes quibus singulis 30 graduum extensio datur. Sequentibus exprimuntur versiculis:

$$\Upsilon \qquad \Taurus \qquad \Gemini \qquad \Cancer \qquad \Leo$$

Sunt Aries, Taurus, Gemini, Cancer, Leo,

$$\Virgo$$

Virgo,

$$\Libra \qquad \Scorpius \qquad \Sagittarius \qquad \Capricorn$$

Libraque, Scorpius, Arcitenens, Caper,

$$\Aquarius \qquad \Pisces$$

Amphora, Pisces.

Varia hæc animalium nomina in causa fuerunt cur zona in qua continentur vocaretur Zodiacus (à voce Græca *Zoos*).

De minoribus circulis.

Quatuor numerantur circuli minores, nempè *duo Tropici* & *duo Polares.*

Tropici

Tropici funt circuli Æquatori paralleli , & *Tropici* dicuntur à verbo
Græco Τϱοπος , *converfio* feu *reditus* ,
quia fol poftquam eos circulos
defcripfit , illùc revertitur undè
venerat.

Ex Tropicis, unus dicitur *Tropicus Cancri* & nofter eft feu Septentrionalis qui defcribi videtur à fole
versùs diem Junii 21 ; alter vocatur
Tropicus Capricorni & Meridionalis
eft , hunc fol defcribit circà Decembris diem 21. Ab uno Tropico ad
alterum tranfverfim extenditur Zodiacus feu ecliptica & utrumque tan-
git , unum nempè in primo gradu
Cancri, alterum in primo gradu Capricorni; hinc utriufque prædicta de-
nominatio.

Circuli Polares funt circuli Æqua-
tori paralleli quorum unus vocatur
Arcticus quia fitus eft prope Polum
Borealem feu *Arcticum* , alter verò
Antarcticus qui vicinum habet Polum
Antarcticum feu Meridionalem.

Terræ fuperficies in 5 *Zonas* dividitur à Septentrione ad Meridiem
ope circulorum qui hactenùs enume-
rati funt : Zona enim eft fpatium inter circulos parallelos interceptum;

Tome II.   K

hinc pars Terræ quæ jacet inter duos Tropicos vocatur *Zona Torrida*, quia fol in annuo fuo motu illi fpatio. fucceffivè perpendiculariter imminet, afcendens nimirùm per 6 menfes à Tropico Capricorni ad Tropicum Cancri, & revertens per 6 alios menfes à Tropico Cancri ad Tropicum Capricorni, defcripto bis inter eundum & redeundum Æquatore. Pars Terræ inter Tropicos & Polares tum ad Septentrionem tum ad Meridiem comprehenfa dicitur *Zona Temperata* Septentrionalis & Meridionalis ; tandem à Polaribus ad Polos adfunt *Zonæ Glaciales* ; Zona *Torrida* 47 gradibus lata eft ; *Temperatæ* 43 & Glaciales 23 cum ½.

De Apparentiis Sphæræ.

Sphæræ triplex eft pofitio, nempè *recta*, *obliqua* & *parallela* pro variis pofitionibus quas nos ipfi habere poffumus fuprà Terræ fuperficiem.

Sphæra recta ea eft in qua Æquator eft Horizonti perpendicularis feu in fua cum ipfo interfectione angulos rectos efficit ; *qui fub Æquatore degunt Spheram habent fic difpofitam*

& omnes anni dies æquales cum noctibus quia *ipforum horizon Æquatorem & alios circulos Æquatori parallelos in duas partes æquales dividit.*

Sphæra obliqua , ea eft in qua Æquator obliquè fecat horizontem ; *omnes Terræ gentes exceptis iis quæ fub Æquatore & Polis habitant, Sphæram obliquam habent, & ipfis dies funt noctibus inæquales præter Æquinoctia.*

Sphæra parallela , ea eft in qua Æquator eft horizonti parallelus ; *hanc Sphæræ pofitionem vident polorum incolæ , & mediam partem Zodiaci fuprà horizontem habent , mediam infrà ; feu die gaudent 6 menfibus longâ cui nox 6 quoque menfium fuccedit.*

De divifione clymatum & umbrarum.

1°. Cum Zonæ fint partes Terræ latiores , fubdivifæ fuerunt in alias quæ *clymata* dicuntur : igitur *clyma* eft fpatium Terræ in quo procedendo ab Æquatore versùs Septentrionem , aut verfus Méridiem dies longiores evadunt femi-hora quàm in præcedenti ; fub Æquatore dies funt hora-

rum 12 ; hinc viator qui versùs Septentrionem progrediens , dies numerat
12 horarum cum $\frac{1}{2}$ est in 1° clymate ; si dies numeret 13 horarum ,
est in 2° clymate, & sic de cæteris
usquedùm pervenerit ad circulum Polarem sub quo dies 24 horis componitur ; ergo ab Æquatore ad Circulum Polarem sunt 24 clymata semi-
horarum ; sed à Circulo Polari clymata mensibus distinguntur & numerantur 6 ; idem accidit ab Æquatore
ad Polum Australem.

2°. *Periscii* vocantur incolæ Zona-
rum Glacialium , quia circà ipsos
umbra gyrat ; *Heteroscii* , incolæ Zo-
narum Temperatarum quia cum Meridiem habent , ipsorum umbra semper eamdem partem respicit , id est
Septentrionem , si Zona sit Borealis
& Austrum , si Zona sit Meridionalis. *Amphiscii* , incolæ Zonæ Torri-
dæ , quia aliquandiù umbram habent
versùs Polum Borealem directam ,
aliquandiù versus Polum Australem (1).

---

(1) On voit par là ce que vouloit dire
Lucain dans ces deux vers :

Ignotum vobis Arabes, venistis in orbem ,
Umbras mirati nemorum non ire sinistras.

Ascii, qui nullam habent umbram,
eo nempè inftanti quo fol eorum ca-
piti verticalis eft ; dividuntur etiam
Terræ habitatores ratione locorum &
tempeftatum in tres claffes ; dicuntur
fcilicèt *Periæci*, *Antæci* & *Antipodæ*.
Noftri *Periæci* funt ii qui in eadem
longitudine & latitudine ac nos collocantur citrà Æquatorem fub hemif-
pherionobis inferiori ; unde communem æftatem & communem nobifcum
hyemem habent, fed noctem quando
nobis dies eft. Noftri *Antæci* ultrà
Æquatorem habitant in eadem longitudine & latitudine, in eodem hemifpherio ac nos & proindè noctes
diefque communes habent nobifcum,
fed hyemem quando nobis Æftas &
ver quando nobis Autumnus, &c.
Noftri *Antipodæ* fub hemifpherio inferiori vivunt, in eadem longitudine ac nos, & in eadem latitudine, fed ipforum latitudo Meridionalis eft ; uno verbo noftrum *Nadir*
ipfis eft *Zenith* & in altera extremitate diametri Sphæræ collocantur ;
hinc & dies & tempeftates noftris
omninò contrarias habent (1).

---

(1) L'ufage de la Sphere armillaire eft
furement très-avantageux ; mais fi l'on s'y

borne comme font les enfants, je foutiens
que l'on ne fait rien : il faut fe placer en
pleine campagne, & là, après s'être bien
orienté, trouver de foi - même tous les
points, toutes les lignes, tous les cercles
dont les noms font dans les Traités de
Sphere.

Par exemple, fi l'on obferve dans une
belle nuit, la premiere chofe qu'il y ait à
faire, c'eft de diftinguer le Nord & le
Midi, l'Orient & l'Occident, qu'on appelle les quatre *points cardinaux*, & la
maniere en eft bien fimple ; il y a une fort
belle conftellation, nommée la *Grande
Ourfe* & connue vulgairement fous le nom
de *charriot de David*, parce que 7 de fes
Etoiles ont la forme d'un charriot (fig. 23).
Que l'on regarde à côté, on appercevra
une autre conftellation femblable, mais
dans une fituation oppofée, plus petite
& d'une lumiere bien plus foible ; c'eft la
petite *Ourfe*. Or, la derniere étoile A du
Timon indique le Nord, parce qu'elle n'en
eft éloignée que de deux degrés (auffi l'ap-
pelle-t-on l'Etoile Polaire) : le Nord une
fois déterminé, les autres points le font ;
car fi le vifage eft tourné au Nord, le Midi
eft derriere, l'Orient à droite & l'Occident à gauche : maintenant que depuis l'E-
toile Polaire on prenne en-deffus dans la
voûte célefte 23 degrés & demi, on aura
la diftance du Pole Nord au cercle Polaire ;
(il n'y a aucun cercle réel ; mais comme
l'efpace nous paroît rond, il eft naturel d'i-
maginer que fes divifions font des cercles) ;
qu'au-deffus du cercle Polaire on prenne

43 degrés , on atteindra le tropique du Cancer ; 23 degrés & demi plus bas ce sera l'Equateur ; & plus bas encore de 23 degrés & demi se présente le tropique du Capricorne ; la vue ne s'étend pas au-delà : il ne sera pas moins aisé de reconnoître le Zodiaque & de suivre la diagonale qu'il fait à travers l'équateur d'un tropique à l'autre, parce qu'on voit sur l'horizon six constellations , dont l'une se leve quand l'autre se couche. Voyez leur forme dans la Planche V.

DE ASTRONOMIA
SYSTEMATICA.

ASTRONOMI, ut fitum, motum variæque corporum cælestium phænomena explicare valeant, quascunque voluerint fingere possunt hypotheses, dummodò neque mechanicæ principiis, neque factis observationibus repugnent : tres autem excogitatæ fuerunt ; antiqua nempè quam adornavit *Ptolomæus*, recentior quæ est *Copernici* & ultima *Tichonis Brahæi*; de his successivè disseremus postquam Gallicè (majoris claritatis & simul brevitatis gratiâ) Astronomicas observationes præmiserimus.

OBSERVATIONS

OBSERVATIONS

SUR LES CORPS CÉLESTES.

ON distingue dans les Cieux trois fortes d'Aftres ; les uns confervent toujours entr'eux la même diftance, & on les nomme *Etoiles fixes* ; les autres font errants, & fuivent dans leur courfe des loix conftantes, ce font les *Planetes* ; la troifieme claffe eft celle des *Cometes*, dont la marche ne paroît pas réguliere comme celle des Planetes, mais vagabonde dans tous les fens.

DES ÉTOILES FIXES.

L'éclat & la fcintillation que l'on obferve dans les principales Etoiles fixes, annoncent qu'elles font autant de corps lumineux par eux-mêmes ; mais l'immenfe intervalle qui nous fépare d'elles, nous empêche d'eftimer leur grandeur ; elles nous paroiffent tous les jours fe lever &

se coucher différemment, suivant les différentes saisons & les divers pays.

Comme elles sont dans la profondeur de l'espace autant de points fixes qui servent à calculer les mouvements des autres Astres, les anciens Astronomes, pour les désigner & les reconnoître, ne pouvant leur imposer des noms à toutes, les partagerent en plusieurs amas ou constellations, qu'ils placerent dans trois parties du Ciel, *au Nord*, *dans le Zodiaque & au Midi* : la région Septentrionale en contenoit 21, le Zodiaque 12 & le Midi 15 ; mais le Catalogue est plus riche depuis que la navigation & les télescopes nous ont mis à portée de pousser plus loin nos recherches ; M. l'Abbé de la Caille, dans son voyage au Cap, en a découvert 12 autres.

On voit encore dans le Ciel certaines petites taches blanchâtres, qu'on nomme *Etoiles nébuleuses* & une bande ou espece de ceinture qu'on appelle *la Voie Lactée*, & populairement le *Chemin de S. Jacques*. Galilée pensoit que cet espace du Ciel étoit rempli d'une infinité de petites Etoiles dont les lumieres se

confondent. M. l'Abbé de la Caille
affuroit n'en avoir vu aucune, quoiqu'il eut obfervé avec une lunette de
14 pieds : M. de Mairan attribuoit
cette clarté à l'athmofphere de plufieurs Etoiles, dont les unes fe voient
dans les nébuleufes, tandis que les
autres fe dérobent à notre vue.

Il y en a d'autres qui paroiffent
toutes nouvelles, & d'autres qui
difparoiffent pour quelque temps.

En général, toutes les Etoiles con-
nues font partagées par les Aftronomes en fix claffes, & défignées fous
le nom d'*Etoile de la premiere grandeur, Etoile de la feconde grandeur*,
&c. : la belle Etoile Syrius, par
exemple, eft de la premiere grandeur.

Outre le mouvement journalier des
Etoiles fixes autour de la Terre, les
Aftronomes ont obfervé deux variations, qu'ils ont nommées, l'une
changement de longitude ou *préceffion
des Equinoxes* ; l'autre *changement
de latitude*, ou *aberration des Etoiles
fixes* : voici en quoi elles confiftent.
Nous avons *Equinoxe*, c'eft-à-dire,
le commencement du Printemps &
de l'Automne, lorfque le Soleil paroît

dans l'endroit du Ciel où se coupent l'Equateur & l'écliptique ; or., 330 ans environ avant l'Ere Chrétienne, les deux Constellations du Belier ♈ & de la Balance ♎ commençoient à ces deux points d'intersection , & conséquemment le Soleil paroissoit au premier degré du Belier , quand il y avoit Equinoxe du Printemps , & au premier degré de la Balance quand l'Equinoxe d'Automne arrivoit.

Hypparque , 190 ans après, s'apperçut que ces deux Constellations s'étoient un peu écartées des deux points d'intersection, en allant d'Occident en Orient , & maintenant elles en sont éloignées d'environ 30 degrés. Le Soleil paroît donc plutôt aux deux points d'intersection qu'au premier degré des deux Constellations , & par là même fait avancer l'Equinoxe ; c'est ce qui a fait donner à ce premier mouvement des Etoiles le nom de précession des Equinoxes : cependant le premier degré du Belier est fixé en Astronomie comme le terme auquel doivent se rapporter toutes les distances des Etoiles , soit en avant , soit en arriere , autrement leur longitude.

Quant à l'aberration , c'est une digreffion que font les Etoiles en deçà & en-delà du point réel où elles paroiffent placées ; elles décrivent dans l'efpace d'un an autour de ce point, un petit cercle allongé ou *ellipfe* , dont le grand axe s'étend du Midi au Nord. (Leur éloignement de l'écliptique s'appelle latitude).

Il y a donc trois mouvements apparents dans les Etoiles fixes ; l'un d'Orient en Occident autour de l'Equateur , (c'eft le mouvement journalier qui fe fait en vingt-quatre heures) ; l'autre d'Occident en Orient autour de l'écliptique , (celui qui caufe la préceffion des Equinoxes , & qui fe fait en 25,920 ans , à peu près un degré en 72 ans); le troifieme fait décrire aux Etoiles des *ellipfes d'aberration* dans l'efpace d'une année, en les portant pendant fix mois vers le Midi , & pendant fix mois vers le Nord.

On peut encore y en joindre un quatrieme , c'eft une *accélération* qui fait que fi aujourd'hui une Etoile paffe avec le Soleil au Méridien, elle y paffera demain plutôt que lui de quatre minutes.

D E S P L A N E T E S.

Les Planetes font des corps opaques qui reçoivent leur lumiere du Soleil, autour duquel, comme centre commun des mouvements, elles font leurs révolutions en différents temps & dans des orbites diverfement inclinées fur le plan du Zodiaque. (Je parle d'après le vrai fyftême, pour n'être pas obligé de donner deux explications au lieu d'une).

On diftingue ordinairement les Planetes en *principales* & *fecondaires* ; les principales tournent autour du Soleil ; les fecondaires accompagnent quelques Planetes principales, & s'appellent leurs Satellites : on en compte fix principales, Mercure ☿, Vénus ♀, la Terre ✳, Mars ♂, Jupiter ♃ & Saturne ♄ ; on les repréfente avec les caracteres dont fe fervent les Chymiftes pour diftinguer les métaux à caufe de quelques analogies quel'on fuppofoit autrefois exifter entre les métaux & les Planetes. Saturne ne donne qu'une lumiere pâle & foible ; Jupiter eft d'une couleur argentine ; Mars eft rougeâtre ; Vénus eft la plus

brillante de toutes ; Mercure est difficile à observer ; en général elles sont
aisées à distinguer des Etoiles fixes ,
parce que leur lumiere est tranquille
& sans scintillation.

Les Planetes secondaires sont la
Lune satellite de la Terre ; les quatre
Satellites de Jupiter , découverts par
Galilée en 1610 , & les cinq Satel-
lites de Saturne découverts par MM.
Huygens & Cassini en différents temps ;
on en donne un aussi à Vénus , apper-
çu , dit-on , en 1761.

On distingue encore les Planetes en
supérieures & *inférieures*. Les Planetes
supérieures sont celles dont les orbites
embrassent celle de la Terre, tels sont
Mars , Jupiter & Saturne ; les Planetes inférieures, Vénus & Mercure,
sont ainsi appellées , parce qu'elles
ont leurs orbites enclavées dans celle
de la Terre, & sont conséquemment
au-dessous d'elle.

Les Planetes , soit inférieures, soit
supérieures , sont tantôt plus près ,
tantôt plus loin de la Terre ; quand
elles sont plus près , elles sont *Péri-*
gées , & *Apogées* lorsqu'elles sont plus
éloignées: c'est encore de la même éty-
mologie grecque , qu'on appelle *Péri-*

hélie, leur petite distance au Soleil, & leur plus grande, *Aphélie.*

Les Planetes supérieures ont leur *conjonction* & leur *opposition* avec le Soleil : elles font en conjonction lorsque la Terre les rapporte au même point du firmament que le Soleil. (Le Soleil est donc alors entre la Terre & ces Planetes). Elles font en opposition quand la Terre les voit dans un point opposé à celui où elle rapporte le Soleil : (il s'enfuit que la Terre est alors entre le Soleil & elles). Dans les deux cas, la même ligne droite passeroit par les centres de la Terre, du Soleil & des Planetes. (Si les Planetes font un tiers de leur circonférence au-delà de cette ligne centrale, ce sera l'aspect *trine*, la quadrature si la distance est d'un quart, l'aspect *sextile* si la distance est d'un sixieme, &c.).

Les Planetes inférieures ont deux conjonctions avec le Soleil, l'une supérieure & l'autre inférieure, suivant qu'elles font dans la partie supérieure ou inférieure de leur orbite. Dans la premiere conjonction, la Terre voit d'abord le Soleil, ensuite la Planete, répondre au même point ; dans la seconde, la Terre apperçoit la Planete,

& derriere elle le Soleil, encore vers le même point.

Les Planetes supérieures paroissent aller plus vîte dans la conjonction, & on les appelle alors *directes*; s'arrêter quelque temps vers les deux quadratures en montant & en descendant, c'est ce qui les fait nommer *stationnaires*, enfin reculer dans l'opposition ou *rétrograder*.

Les Planetes inférieures sont aussi tour à tour *directes*, *stationnaires* & *rétrogrades*, selon qu'elles se trouvent, relativement à la Terre, dans la partie supérieure, ou latérale, où inférieure de leur orbite; car elles ont comme les Planetes supérieures leurs différents aspects, excepté la quadrature, parce que Mercure ne s'éloigne que de 28 degrés, & Vénus de 47.

Mercure est éloigné du Soleil d'environ 15 millions de lieues dans son aphélie, & d'environ 10 millions dans son périhélie; sa révolution se fait en 88 jours d'Occident en Orient autour du Soleil, dans une orbite inclinée sur l'écliptique de 6 degrés 55 minutes 30 secondes; c'est cette grande inclinaison qui rend si rare le passage de Mercure sous le disque du Soleil: les points d'interſection de ſon orbite avec l'écliptique , autrement ſes *nœuds* ne ſont point permanens ; mais ils ont un mouvement de 52 ſecondes par an d'Occident en Orient ; ſon globe eſt 27 fois moins gros que la Terre.

Vénus, plus groſſe que la Terre , eſt éloignée du Soleil d'environ 23 millions de lieues dans ſa plus grande diſtance , & d'environ 22 millions dans ſa plus petite ; ſon mouvement périodique autour du Soleil ſe fait en 224 jours 18 heures dans une orbite preſque circulaire & inclinée à l'écliptique de 3 degrés 23 minutes 10 ſecondes. Ses nœuds avancent de 34 ſecondes par an.

La Terre eſt un globe dont la circonférence a 9,000 lieues ; elle fait ſa révolution autour du Soleil en un an dans l'écliptique , & en eſt éloignée de 30 à 33 millions de lieues (1).

____

(1) Si la Terre étoit plate , le Soleil en ſe levant éclaireroit tous les pays de l'univers , comme une lumiere élevée juſqu'aux bords d'une table , éclaire tous les objets qui la couvrent ; l'expérience cependant nous apprend le contraire. D'ailleurs l'om-

Mars eſt environ cinq fois moins
gros que la Terre, & ſes diſtances du
Soleil grande & petite, ſont de 52 &
44 millions de lieues ; ſon mouvement
périodique eſt d'environ deux ans.

Jupiter, environ 1170 fois plus
gros que la Terre, fait ſa révolution
autour du Soleil à peu près en 12 ans
dans une orbite inclinée à l'écliptique
de 1 degré 19 minutes 38 ſecondes ;
ſa plus grande diſtance du Soleil eſt
près de 172 millions.

Saturne parcourt une orbite inclinée à l'écliptique de 2 degrés 30 minutes 40 ſecondes, dont les nœuds
ont un mouvement très-lent ; ſa plus
grande diſtance du Soleil eſt d'environ

---

bre de la Terre, dans les éclipſes de Lune,
paroît toujours ronde ; les vaiſſeaux en
pleine mer diſparoiſſent par degrés : les
Navigateurs perdent de vue d'abord le rivage, enſuite les tours, puis les plus
hautes montagnes. Plus on avance vers le
Nord, plus le Pole s'éleve & plus les om-
bres meſurées le même jour ſont longues,
&c. De toutes ces expériences, on a conclu que la Terre étoit ronde, & l'analogie fait croire que les autres Planetes &
même tous les Aſtres ſont autant de
globes.

300 millions de lieues, & sa révolution dure 30 ans ; il est entouré d'une
bande lumineuse qui quelquefois dis-
paroît , quelquefois présente deux
anses ; on l'appelle *l'Anneau* de Saturne.

Mars , Jupiter & Saturne , dans
quelques positions qu'ils soient, bril-
lent toujours à plein disque ; mais
Mercure & Vénus nous présentent
tantôt tout leur hémisphere obscurci ,
tantôt tout leur hémisphere *éclairé* ,
tantôt la moitié , tantôt le quart de
ce même hémisphere , &c. ; ces apparences se nomment *Phases* : celles
de Mercure sont difficiles à saisir ,
parce qu'il est toujours plongé dans
les rayons du Soleil , ou toujours en-
gagé dans les crépuscules & les vapeurs ; mais elles sont très-sensibles
& très-apparentes dans Vénus , (à
l'aide des instruments) : pour bien
entendre ces sortes d'apparences , que
l'on appelle Phases, il faut les observer dans la Lune ; & cet astre est pour
nous si intéressant , que l'on doit s'en
faire un plaisir.

La Lune fait sa révolution autour
de la Terre dans l'espace de 27 jours
7 heures 43 minutes , dans une orbite

dont l'inclinaison varie depuis 5 degrés jusqu'à 5 degrés 17 minutes ,
(c'est une des innombrables irrégula-
rités de ce Satellite constamment bifarre.) : or, elle ne peut tourner de
cette maniere qu'elle ne soit dans un
mois à peu près de 7 jours en 7 jours
nouvelle, en *premier quartier*, *pleine* ,
en second *quartier* & *nouvelle*, &
qu'elle ne passe de la *nouvelle Lune* au
premier *quartier* par un croissant de
lumiere dont les cornes soient tournées vers l'Orient, du premier *quartier* à la *pleine Lune* par une espece
de bosse ; de la *pleine Lune* au second
quartier par une bosse tournée dans
un sens opposé ; enfin du second
quartier à une seconde *nouvelle Lune*
par un croissant dont les cornes re-
gardent l'Occident (1) : suivons sa
marche dans la Fig. 24.

---

(1) Pour savoir au premier coup d'œil
si un Croissant va au premier quartier, ou
vient du second , il suffit de se rappeller
ces deux vers techniques.

Cornua crescentis lunæ vertuntur in ortum ,
Ast ubi decrescit respicit occiduum.

Si nous ne prenions pas *Croissant* pour

La Terre eſt ſuppoſée au point T ,
la Lune au point C, & le Soleil au point
S : cette poſition de la Lune entre la
Terre & le Soleil eſt ſa *conjonction* ,
puiſque la Terre la rapporte au même
ſigne que le Soleil : or, alors elle ne
donne aucune lumiere à la Terre ,
parce que tout ſon hémiſphere éclairé
eſt tourné vers le Soleil ; c'eſt la *nou-*
velle Lune, (*nouvelle*, parce qu'elle
commence ſon cours). Eſt-elle trois
jours après au point M ? De tout ſon
hémiſphere éclairé A M B , elle ne nous
préſente que la partie MB , qui doit
former deux cornes ſur la rondeur
de la Lune, & tournées vers l'Orient,
parce que la Lune eſt plus à l'Orient
que le Soleil. Se trouve-t-elle le ſeptie-
me jour à ſa quadrature, au point Q ?
De tout ſon hémiſphere éclairé A N B,
nous ne voyons que la partie N B ,
qui en eſt une moitié, & qui par conſéquent doit avoir la forme d'un *quar-*

---

tout ce qui eſt creuſé en corne , le mot
de *croiſſant* ſuffiroit pour déterminer l'état
de la Lune. On dit encore communément
que la Lune eſt en *croiſſant* , quand elle
va à la *pleine lune* , & en *decours* , quand
elle va à la *nouvelle*.

tier : trois jours après au point P
fur tout l'hémifphere éclairé APB ,
nous découvrons le grand fegment
PB , qui fait paroître la Lune boffue
vers l'Orient. La voit-on le quatorzieme jour au point O ? elle eft en
oppofition, puifque la Terre T mefure entr'elle & le Soleil 6 fignes ,
ou 180 degrés ; mais alors tout fon
hémifphere éclairé AOB , eft développé vers la Terre ; c'eft donc *pleine
Lune* (1). Du point O au point V ,
le difque diminue & s'échancre pen-

---

(1) On demandera peut-être pourquoi
la Terre qui fe trouve ainfi entre le Soleil
& la Lune , n'intercepte point les rayons
du Soleil , ce qui cauferoit une éclipfe ?
La queftion eft bien fondée ; mais nous
verrons que pour qu'il y ait éclipfe de
Lune , il faut , outre la pofition où nous
voyons maintenant le Soleil , la Lune &
la Terre , que la Lune , quoique vis-à-vis
des deux autres , ne foit pas plus élevée
ou plus baffe ; car ces deux fituations lui
font recevoir obliquement la lumiere. Or,
comme l'orbite de la Lune croife en-deffus
& en-deffous l'orbite de la Terre, la Lune,
quand elle eft pleine, fe trouve fouvent en-
deffus ou en-deffous du plan de la terre ;
s'il arrive qu'elle foit dans les points d'in-
terfection ou fort près, c'eft alors qu'elle
eft éclipfée.

dant trois jours , parce qu'alors de tout l'hémisphere éclairé AVB , nous n'appercevons plus que le grand segment AV , qui rend la Lune bossue vers l'Occident : au point q le vingt-unieme jour , nous avons le second *quartier* , puisque la Lune en *quadrature* ne nous montre que la moitié Aq de son disque AqB ; enfin jusqu'au vingt-neuvieme jour , elle va toujours en diminuant ; de façon qu'étant au point Z , par exemple , nous ne saisissons plus de toute sa surface éclairée AZB , que la petite portion AZ , qui doit décrire deux cornes vers l'Occident (1).

____

(1) Il faut à la Lune 29 jours 12 heures & 44 minutes pour qu'elle fasse une lunaison , c'est-à-dire pour qu'elle passe d'une *nouvelle lune* à une seconde. En voici la raison : tandis que la Lune a parcouru les 12 signes du Zodiaque , la terre en a parcouru presqu'un entier ; la Lune ne peut donc se retrouver en conjonction avec la Terre , ou redevenir *nouvelle* , qu'elle n'ait parcouru le signe qu'a parcouru la terre. Or, c'est ce que la Lune ne peut faire que dans l'espace de 2 jours 5 heures & 1 minute , qui , ajoutés aux 27 jours 7 heures & 43 minutes qu'il lui faut pour décrire son orbite , font 29 jours 12 heures

LES

LES COMETES.

Les Cometes font des corps céleftes qui paroiffent de temps à autre
avec différents mouvements, & qui
ordinairement font accompagnées
d'une lumiere éparfe ; leurs mouvements apparents font très-irréguliers,
& Kepler les donnoit comme autant
de preuves frappantes du mouvement

---

44 minutes. Voilà ce qui a fait diftinguer
deux mois lunaires , le mois *Périodique*
& le mois *Synodique*. Le premier eft celui qu'il faut pour que l'orbite foit parcou-
rue (27 jours, &c.) ; le fecond eft le
temps que met la Lune d'une conjonction
à l'autre (29, &c.). La Lune eft éclairée par
la Terre, comme la Terre l'eft par la Lune
(la lumiere de l'une & de l'autre n'eft
que la réflexion de celle du Soleil), & l'on
peut dire que les habitants de la Lune ont
nouvelle terre, *pleine* terre, premier *quartier*, fecond *quartier*, &c. Auffi voit-on
dans la partie obfcure qu'embraffent les
cornes du croiffant de la Lune une efpece
de lumiere foible qui rend vifible le
refte du difque ; elle s'affoiblit à mefure
que la terre s'écarte du lieu qu'elle occu-
poit relativement au Soleil & à la Lune ;
preuve que la Terre en eft au moins une
caufe.

II. Partie. M.

réel de la Terre autour du Soleil ,
(parce qu'il doit caufer une foule d'il-
lufions dans celui des Cometes) ;
mais leurs mouvements propres &
réels font auffi exacts , auffi reglés
que ceux des Planetes ; elles tournent
toutes autour du Soleil dans des courbes diverfement alongées & différemment inclinées , les unes d'Occident
en Orient , les autres d'Orient en Occident; celles-ci du Nord au Sud ,
celles-ià du Sud au Nord : on en a vu
plufieurs à la fois , & la durée de leurs
apparitions eft communément de 6 ,
de 4 & de 3 mois ; leur vîteffe propre eft quelquefois peu confidérable ,
& quelquefois d'une grandeur étonnante ; elles paroiffent tantôt avec
une queue, tantôt avec une barbe, &
tantôt avec une chevelure ; c'eft que
montant très-haut & paffant près du
Soleil , elles fe chargent d'une partie
de l'athmofphere folaire , comme un
aiman attire à lui la limaille de fer
qu'il traverfe : fi elles fuivent le Soleil,
leur athmofphere eft chaffée en arriere
par l'action des rayons folaires , &
prend la forme d'une queue ; fi elles
précedent le Soleil , leur athmofphere, par la même raifon , prend la

figure d'une barbe ; enfin , fi elles font tellement placées que l'œil de l'obfer- vateur fe trouve entr'elles & le So- leil , leur athmofphere déborde & pa- roît les envelopper en forme de che- velure. Ces traînées d'athmofphere lu- mineufe on fait donner au corps de la Comete le nom de Noyau , pour la diftinguer de tout ce qui l'accom- pagne.

Toutes ces notions une fois éta- blies , il ne fera pas difficile de faifir les trois fyftêmes que nous avons annoncés : les voici.

SYSTEMA

PTOLOMAICUM.

PTOLOMŒUS deceptus relatione sensuum, naturamque motûs optici & apparentis non accuratè intelligens eam corporum cœlestium dispositionem admisit quæ in sensus incurrit; id est.

1°. Juxta ipsum Terra in centro mundi quiescit & athmospherâ circumingitur; aërem excipit regio ignis usque ad Lunam protensa; Terram cum ejus athmosphera complectuntur cœli *solidi, diaphani & incorruptibiles* in quibus Planetæ tanquam gemma in annulo infiguntur & ordine sequenti gyrant, 1°. Luna; 2°. Mercurius; 3°. Venus; 4°. Sol; 5°. Mars; 6°. Jupiter; 7°. Saturnus; 8°. Cœlum stelliferum; 9°. primum Crystallinum; 10°. secundum Chystallinum; 11°. primum Mobile; hæc omnia cingit duodecimum cœlum quod *empireum* vocârunt quidam & præsertim Theo-

Iogi in quo fedes beatorum effet (1).

2°. Juxta Ptolomœum intrà 24 horas volvitur ab ortu in occafum primum mobile, fecumque abripit omnes cœlos inferiores; & fic explicat motum communem omnium corporum cœleftium ab ortu in occafum circa Terram, noctiumque & dierum viciffitudines.

3°. Cœli planetarum motu proprio volvuntur ab occafu in ortum alii citiùs, alii tardiùs & fecum fuos rapiunt planetas; fic explicat motum proprium & periodicum planetarum.

4°. Quifque planeta non verè fuo cœlo figitur, fed hæret in circumferentia *epicycli* feu circuli minoris qui reperitur in cœlo planetæ; planeta in epicyclo gyrat dum circà terram rapitur à fuo cœlo; hinc fit ut planeta modò partem inferiorem epicycli defcribat & tunc videtur *directus*; modò in parte fuperiori verfetur tuncque

------

(1) Les Péripatéticiens ont repréfenté toute cette grande machine dans un vers, dont chaque fyllabe eft le commencement du nom de chaque piece.

Em. Mo. Cry. Cry. Fi. Sa. Ju. Ma. Sol. Ve. Me. Eu.

retrogradus est ; modò in lateribus epicycli vel ascendente vel descendente , & tunc videtur *stationarius* ; sic explicat phœnomena stationum , directionum & retrogradationum.

5°. Primum Crystallinum movetur ab ortu in Septentrionem , seu potiùs alternatim trepidat ; & sic explicat *aberrationem* stellarum fixarum.

6°. Secundum Crystallinum movetur ab occasu in ortum intrà 2500 annos ; & sic explicat motum stellarum fixarum undè oritur Æquinoxiorum præcessio.

7°. Pars circuli quam sol describit , versùs septentrionem major est quàm ea quæ ad meridiem vergit ; & sic explicat cur sol diutiùs in signis borealibus immoretur quàm in Australibus (1).

---

(1) Quelle confusion de mouvements ! & qu'eût donc fait Ptolomée , s'il eût su que les Cometes étoient autant de globes célestes , auxquels il falloit donner leurs cieux solides & transparens comme aux autres Planetes , avec des révolutions bizarres ? Cette affreuse complication l'eût peut-être découragé ; heureusement alors , & long-temps après , on croyoit que les Cometes n'étoient qu'un amas d'exhalaisons.

PROPOSITIO.

Admittendum non est systema Pto-
lomaïcum.

PROBATUR. Illud systema rejiciendum est quod mechanicæ principiis & observationibus astronomicis
repugnat : atqui systema Ptolomœi repugnat , &c.

1°. Quidem repugnat mechanicæ
principiis ; principia enim mechanicæ postulant ut machina sit simplex &
uniformis quantùm fieri potest : atqui
systema Ptolomœi non est simplex ,
&c. immò potiùs machinamentum
est ingens , importunâ cœlorum , epi-
cyclorumque farragine frustrà impedi-
tum , cujus variæ partes in diversos
sensus agitantur, ullâ sine causâ phy-
sicâ , sed proùt Ptolomœo placuit ;
ergo , 1°. &c.

2°. Astronomicis observationibus
repugnat ; constat enim ex observationibus , 1°. Venerem & Mercurium
in perigæo infrà Solem , in apogæo
suprà videri , ita ut ut Sol inter eos &
Terram collocetur : atqui nunquam
suprà Solem in hypothesi Ptolomaïca.

x periri poſſunt, quia ipſorum orbitæ infrà orbitam Solis poſitæ dicuntur. 2°. Conſtat Martem aliquando
propiùs ad Terram accedere quàm
Solem ; atqui illud fieri non poteſt in
ſyſtemate Ptolomaïco quia cœlum
Martis ſuperius eſt cœlo Solis, &c.
&c. ; ergo , &c.

SYSTEMA

COPERNICANUM.

Nicolaus Copernicus oriundus
ex Thorno in Pruſſia Regali , & Ec-
cleſiæ Warmienſis Canonicus, ſyſtema
ſuum (1) improbo annorum trigenta
labore cuſum in lucem edidit anno
1530 , poſteà præſtantiſſimi Phyſici
Galileus , Keplerus , Cartheſius ,
Newtonus & alii ſuâ veneratione &

---

(1) Ce ſyſtême avoit été celui de quelques anciens Aſtronomes ; mais la maniere
dont Copernic l'a conçu, développé, ap-
pliqué , lui fait donner à juſte titre le nom
de *Syſtéme de Copernic* ; c'eſt ainſi que Ptolomée avoit fait ſon plan d'une autre opinion de quelques Anciens.

ſcriptis

ſcriptis illuſtrârunt (1) : ſic breviter delineatur.

Juxta Copernicum, Sol in medio conſtituitur & circa ipſum tanquam

---

(1) Galilée le défendoit avec tant d'ardeur qu'il encourut l'animadverſion des Inquiſiteurs Romains ; la peine n'alloit à rien moins que de lui faire couper la main, s'il ne ſignoit que la Terre étoit *immobile ſur ſa baſe*, & l'autorité du Grand-Duc de Toſcane Coſme II, ne pouvoit le ſouſtraire à cette injuſte condamnation, que dictoit le reſpect pour les ſaintes Ecritures mal entendues ; Galilée ſigna, en diſant tout bas à un de ſes amis, *cela ne l'empêchera pas de tourner*.

Galilée donnoit le mouvement de la Terre comme une vérité démontrée, comme l'évidence la plus frappante. S'il n'eût fait que le regarder comme une ſimple ſuppoſition, d'après laquelle on pouvoit abſolument expliquer les phénomenes céleſtes, il n'eut point eu ce fâcheux démêlé avec le redoutable Tribunal de l'Inquiſition ; car la Sacrée Congrégation, tenue à Rome en 1620, fut aſſez indulgente pour ordonner dans un décret, qu'il ſera permis en phyſique de *ſuppoſer* le mouvement de la Terre, & de le ſoutenir comme une *hypotheſe*. Voilà pourquoi l'on voit dans beaucoup de cahiers de philoſophie ; *ſyſtema Copernicanum deffendi poteſt ut hypotheſis*.

II. Partie.   N

centrum commune suas revolutiones conficiunt diversis temporibus & locis Planetæ omnes hoc ordine dispositi, 1°. Mercurius; 2°. Venus; 3°. Terra quam stipat Luna; 4°. Mars; 5°. Jupiter; 6°. Saturnus, (Copernicum latebant satellites Jovis & Saturni) ; 7°. ad immensam distantiam statuuntur Stellæ fixæ quibus nullus motus realis, sed opticus tantùm & apparens.

Præterea tribuit Copernicus Terræ motum triplicem ex quo phænomena fermè omnia deducit; voluit nempè Terram, 1°. gyrare circa suum axem spatio 24 horarum, 2°. volvi per annum in ecliptica juxta seriem signorum, id est, ab occidente in orientem; 3°. illam progredi cum axe inclinato suprà planum eclipticæ quantitate 23 graduum cum $\frac{1}{2}$, sed ità ut in hac axis Terræ inclinatione duo sedulò notentur *parallelismus* nimirùm & *deflectio* : parallelismus est status quo Terra dum progreditur in ecliptica, servat suum axem parallelum sensibiliter sibi & axi Æquatoris. Deflectio verò axis est motus quidam tacitus quo Terra sensim à parallelismo devians titubat ab ortu in occafum, undè fit ut axis extremitas defcribat contrà feriem fignorum intra annos 25920 exiguum circulum cujus diameter 23 graduum cum $\frac{1}{2}$ quantùm nempè terrenus axis in planum eclipticæ inclinatur.

P R O P O S I T I O.

Admittendum eft fyftema Coperni- canum.

PROBATUR. Admittendum eft illud fyftema quod nihil offert mechanicæ principiis contrarium , & quod mirâ facilitate omnia phœnomena explicat quæ in fyftemate aftronomico explicanda occurrunt : atqui fic fe habet fyftema Copernicanum.

1°. Quidem nihil , &c. Si quid enim effet , &c. , fanè motus terræ gyratorius circa fuum axem fervato axis parallelifmo : atqui nihil habet hæc hypothefis Mechanicæ contrarium : enim verò quotidiè videmus Buxum luforium (*le toupin des enfants*) vel globum quemcunque circa fuum axem revolvi & fimul motu progreffivo fpatium quoddam horizontale conficere , fervato ad finem ufque motûs axe parallelo ; ergo , &c. (1).

2°. Mirâ facilitate folvit , &c. ; præcipua enim phœnomena funt motus diurnus Solis & fyderum omnium circa Terram ab ortu in occafum , cum dierum & noctium alternis vicibus ; motus annuus Solis ab occafu in ortum ; tempeftatum difcrimina cum dierum & noctium inæqualitatibus ; Apogæa & Perigæa planetarum, directiones earumdem , ftationes &

---

(1) Ce qui confirme admirablement la fuppofition faite par Copernic du mouvement de la Terre autour de fon axe en 23 heures 56 minutes , c'eft que les Aftronomes ont démontré , par le moyen des taches qu'ils ont obfervées dans toutes les Planetes & dans le Soleil lui-même , que ce mouvement de *rotation* étoit commun à tous ces corps céleftes ; ils en ont même déterminé fcrupuleufement la durée pour plufieurs ; celui de Vénus fe fait en 23 heures 20 minutes ; celui de Mars , en 24 heures 40 minutes ; celui de Jupiter , en 9 heures 50 minutes ; Mercure eft trop près , & Saturne trop éloigné du Soleil , pour que l'on ait pu fuivre exactement leurs taches & en calculer la marche ; mais le Soleil n'a point échappé aux obfervations , & l'on fait qu'il tourne fur lui-même en 25 jours & demi (tous ces mouvements font d'Occident en Orient).

retrogradationes; tandem varii Stellarum fixarum motus; omnia enim phœnomena quæ tempore Copernici vel posteà detecta fuerunt ad hæc revocantur : atqui ex his omnibus nullum est quod non explicetur in systemate Copernicano.

1°. *Motus diurnus sive ortus & occasus Solis & syderum cum, &c.*

Etenim in systemate Copernicano Terra movetur ab occasu in ortum circa suum axem, & motus iste nobis infensibilis est; ergo quemadmodum qui gyrat circa se ipsum, suam vertiginem refert adjacentibus objectis, ita quoque Sol & omnia sydera quæ Terram cingunt nobis videri debent mota circa nos ab ortu in occasum, ita ut offerente Terrâ partem nostræ regionis orientalem, Sol suprà ipsam ascendere credatur & *oriri*; Terrâ exhibente partem mediam, Sol ipsi imminens in *Meridie* sit ; Terrâ objiciente partem extremam, Sol suprà eam descendere videatur & *occidere* ; usquedûm substractâ totâ regione, Sol infrà horizontem descendisse credatur, & noctem habeamus, &c.

2°. *Motus annuus Solis circa Terram ab occasu in ortum in ecliptica.*

Nam in systemate Copernicano Terra circa Solem revolvitur ab occasu in ortum in ecliptica: atqui hoc posito Sol nobis videri debet eumdem in sensum moveri; nam motus Terræ nobis insensibilis est; ergo non possumus quin eum in Solem refundamus; jam verò, ut docet optica, quando corpus aliquod motu insensibili & non percepto movetur circa corpus aliud in centro positum, tunc corpus centrale motum videri debet juxta eamdem directionem ac corpus motu reali animatum & refertur ad extremitatem diametri oppositam; ergo quando Terra est in Ariete, Solem refert ad Libram; quando versatur in Tauro, Solem videt in Scorpio; quando reperitur in Geminis, Solem credit esse in Sagittario, & sic de cæteris; ergo, &c. (1).

---

(1) Il faut croire que la Terre tourne autour du Soleil avec les autres planetes, ou supposer qu'une foule de globes des millions de fois plus gros qu'elle, fassent autour d'elle des révolutions immenses; ce qui n'est pas naturel.

2°. Tempeſtatum diſcrimina cum, &c.

Nam poſitis inclinatione & paral-

D'ailleurs ce mouvement de la Terre eſt porté juſqu'au dernier degré de l'évidence, par les calculs de Képler : ce grand Aſtronome, un des prodiges de l'Allemagne, trouva au commencement du XVII. ſiecle deux loix qui l'ont fait nommer le *pere de l'Aſtronomie* ; la premiere, c'eſt *que les Aires parcourues par les Planetes, ſont comme les temps employés à les parcourir* ; (fig. 37, l'eſpace compris entre l'arc AB & les deux lignes AS & BS, eſt une aire ; l'eſpace enfermé entre l'arc C B & les deux lignes BS & CS, en eſt une autre & miſe de ſuite ; la courbe eſt une ellipſe ; le point S où eſt ſuppoſé le Soleil, s'appelle le *Foyer* ; & les lignes AS, BS, CS, &c., ſe nomment *Rayons Vecteurs*). Si donc la planete placée au point A met une ſeconde à parcourir l'arc A B, une autre ſeconde à parcourir l'arc B C, &c., les aires A S B, B S C, &c., ſeront égales. Voilà ce que ſignifie la premiere loi de Képler.

La ſeconde annonce que *les quarrés des temps périodiques ſont comme les cubes des diſtances* ; (on obtient le cube d'un nombre, en multipliant ce nombre deux fois par lui-même ; par exemple, 2 fois 2 donne 4 ; ce n'eſt encore là que le *quarré* ; mais 2 fois 4 donne 8, & c'eſt le cube du nombre 2). Ainſi, d'après Képler, le

lelifmo axis terreni, Terra gyrare
non poteft in ecliptica circa Solem
quin bis in anno Soli obvertat fuum
Æquatorem & bis utrumque Tropicum ; jam verò quando Terra Soli
exhibet fuum Æquatorem, radii folares in hunc circulum & alios ipfi
parallelos perpendiculariter cadunt ;
& proinde unam eorum medietatem
illuminant, dum altera fub horizonte

---

quarré du temps périodique de la Terre,
(ce temps eft un an) eft au quarré du
temps périodique de Mars (de 12 ans),
comme le cube de 30,000,000 (c'eft la diftance de la Terre au Soleil) eft au cube
de la diftance de Mars. On voit que fi on
ne connoiffoit pas celle de Mars, on la dé-
couvriroit par cette proportion.

Or, c'eft cette feconde loi qui démontre que la Terre tourne autour du Soleil ;
& voici le raifonnement : *fi la Terre* étoit
immobile, alors la Lune & le Soleil feroient deux efpeces de Planetes, qui feroient chacune autour de la Terre leur révolution, l'une en 1 mois, & l'autre en
12 ; donc par la feconde Loi de Képler,
le Soleil ne feroit qu'environ 5 fois plus
éloigné de la Terre que la Lune, c'eft
à-dire qu'il n'en feroit diftant que d'à peu
près 500,000 lieues (la Lune n'eft qu'à
90,000 lieues de nous) & cependant fa
diftance eft de 30,000,000, donc, &c.

obfcuratur ; ergo dies debent effe noctibus æquales & tunc adeft Æquinoxium Veris aut Automni ; quando TerraSoli offert Tropicum Cancri feu noftrum , radii folares in eum perpendiculariter cadunt , fed obliquè in alios circulos parallelos quia propter inclinationem Terræ , infrà deprimuntur versùs Meridiem , & elevantur fuprà versùs Septentrionem ; ergo pars major circulorum fub quibus nos degimus illuftrari debet & pars minor obfcurari , feu dies funt noctibus longiores, & Æftatem habemus. Deniquè quando Terra foli obvertit Tropicum Capricorni five Auftralem, radii folares in eum verticaliter & in alios obliquè labuntur propter obliquitatem Terræ , cumque magis ac magis circuli versùs nos deprimantur , pars minor noftrorum illuminatur & obfcura jacet fub horizonte pars major ; ergo Hyems eft, & dies funt noctibus breviores.

4°. *Apogæa & Perigæa Planetarum.*

Nam Terra velociùs movetur quàm Planetæ fuperiores & tardiùs quàm Planetæ inferiores ; ergo 1°. modò inter Planetas fuperiores & Solem re-

periri debet, modò Sol inter illam &
Planetas superiores; si inter Solem &
Planetas, propior est Planetis, ergo Planetæ sunt Perigæi; si infrà Solem, Planetæ sunt Apogæi. 2°. Planetæ inferiores modò Solem inter &
Terram versantur, modò Sol est inter eos & Terram; in 1°. casu Perigæi sunt, & in 2°. Apogæi.

5°. *Directiones, stationes & retrogradationes Planetarum.*

Nam Terra velociùs procedit quàm
Planetæ superiores & tardiùs quàm
Planetæ inferiores; ergo 1°. Terra
modò sequi debet Planetas superiores,
modò eos attingere, modò eos præcedere; hinc *directi* videbuntur, *statio-
narii & retrogradi*; 2°. Planetæ inferiores modò Terram sequi, modò
attingere, modò præcedere debent &
sic videri *directi*, &c. (1).

---

(1) Les Planetes supérieures sont directes vers leur conjonction avec le Soleil,
stationnaires aux environs des deux quadratures en montant & en descendant,
enfin rétrogrades dans l'opposition; Mars
peut servir d'exemple dans la Fig. 25.
On sait que la Terre fait à peu près deux
fois son orbite, tandis que Mars parcourt

Tandem varii Stellarum fixarum motus.

Nam omnes isti motus reales non

---

la sienne. Cela posé, plaçons le Soleil au point S, la Terre au point T, & Mars au point C; ce sera le moment de la conjonction, puisque la Terre rapporte le Soleil & Mars au même point du Firmament par le rayon visuel TSCA. Si la Terre vient en P, tandis que Mars va en *a*, Mars sera rapporté au point D dans le firmament par le rayon visuel PaD; il aura donc paru aller d'Occident en Orient, de tout l'arc AD, en suivant la vraie direction des Planetes; ainsi il sera *direct*; il aura même paru aller plus vîte; car s'il fût resté immobile au point C, la Terre, arrivée en P, l'eût rapporté à l'Etoile fixe B, & l'eût jugé par là même avancé de l'arc BA : cette illusion vient de ce que ne sentant pas notre mouvement, nous l'attribuons à la Planete. On voit que jusqu'ici la Terre a suivi Mars, maintenant elle va l'atteindre & le croira en repos; car si Mars se trouve en b, & la Terre en Q, Mars sera vu en E par le rayon visuel QbE; s'il se trouve en d, tandis que la Terre arrive en R, il sera vu au point F par le rayon RdF : ces rayons sont paralleles, & vont conséquemment se réunir au même point dans l'immense intervalle des Etoiles fixes, & c'est d'ail-

funt, fed apparentes duntaxat & optici propter varios motus Terræ ; & 1°.

---

leurs le moment de la quadrature ; donc Mars paroîtra ſtationnaire : enfin la Terre allant plus vîte, ne tarde pas à le paſſer dans l'oppoſition ; ainſi vient-elle de R en V, tandis que Mars va de d en o, elle le voit par le rayon viſuel VoE ; mais elle le rapporte à une Etoile vis-à-vis laquelle elle l'a déja vu avant que de le paſſer ; donc il doit lui paroître avoir reculé vers l'occident de tout l'arc EF (cet arc s'appelle l'arc de rétrogradation) ; à meſure qu'elle va deſcendre vers la ſeconde quadrature, elle verra la Planete par autant de rayons paralleles EV, FX, &c. ; ce ſera la ſeconde ſtation. C'eſt ainſi que s'expliquent les directions, les ſtations & les rétrogradations des deux Planetes inférieures, Vénus & Mercure ; avec cette ſeule différence, qu'elles n'ont ces apparences que parce qu'elles vont plus vîte que la Terre.

Plus une Planete eſt près de la Terre, & plus ſon arc de rétrogradation eſt grand. Par exemple, (Fig. 26) l'arc de rétrogradation DE de Mars eſt plus grand que l'arc FC de Jupiter, & l'arc FC de Jupiter ſurpaſſe l'arc RS de Saturne : la raiſon en eſt, que plus la Planete eſt voiſine de la Terre, plutôt ſe croiſent à ſon centre les rayons viſuels qui comprennent l'arc de rétrogradation. Mais ſi cela eſt, dira-t-on, pourquoi donc Mars a-t-il un plus petit arc quand il eſt

mutatio longitudinis feu *præceſſio*
Æquinoxiorum, cauſam habet axis

---

plus près, que quand il eſt plus éloigné de
la Terre ? C'eſt une exception qu'il eſt aiſé
d'expliquer. Si Mars alloit auſſi vîte que
la Terre, il ne paroîtroit jamais rétrograde; (la même choſe pour toutes les
Planetes) : or, Mars, quand il eſt plus
près de la Terre, gagne beaucoup en vîteſſe, & plus qu'il ne fait en diſtance, parce
qu'il eſt alors en même temps plus près du
Soleil ; il y a donc bien moins de différence entre ſa vîteſſe & celle de la Terre,
qu'il n'y en avoit auparavant ; donc il doit
être moins rétrograde, donc il doit avoir
un arc plus petit.

Saturne eſt plus ſouvent rétrograde que
Jupiter, Jupiter plus ſouvent que Mars ;
pourquoi ? Parce que plus une Planete ſu-
périeure eſt éloignée de la Terre, plus la
différence des vîteſſes eſt ſenſible, & plus
conſéquemment la Terre a occaſion de ſe
trouver entre la Planete & le Soleil, ce qui
forme la rétrogradation ; le contraire doit
arriver pour les Planetes inférieures, c'eſt-
à-dire, que Mercure, comme plus voiſin
de la Terre, doit rétrograder plus ſouvent
que Venus, parce qu'allant plus vîte qu'elle,
il doit ſe trouver plus ſouvent qu'elle entre
la Terre & le Soleil ; c'eſt l'inſtant de la
rétrogradation.

Saturne eſt plus long-temps rétrograde
que Jupiter, & Jupiter plus long-temps
que Mars : le contraire cependant paroî-

terreni deflectionem ab ortu in occasum quâ fit ut interfectio Æquatoris
cum ecliptica recedat paululùm versùs occidentem, undè Stellæ videntur ab ea in ortum elongari ; 2°. mutatio latitudinis, feu *aberratio* caufam

---

troit devoir arriver, puifque les Planetes
les plus éloignées ont l'arc de rétrogradation le plus petit. Comment concilier
ces deux points ? Le voici. Les rayons vi-
fuels qui commencent & finiffent la rétrogradation, ou qui comprennent l'arc décrit dans le firmament (Fig. 27), inter-
ceptent dans l'orbite terreftre un efpace
plus grand quand ils paffent par Saturne, que quand ils paffent par Jupiter ;
& plus grand quand ils traverfent Jupiter
que quand ils traverfent Mars ; (c'eft la
nature des tangentes qui tombent fur la circonférence d'un cercle) ; donc la Terre
doit mettre plus de temps à parcourir cet
efpace pour Saturne que pour Jupiter, &
plus pour Jupiter que pour Mars ; donc, &c.

On ne demandera pas pourquoi les Etoiles
fixes n'ont point, comme les Planetes, leur
rétrogradation. Il eft aifé de voir qu'il n'y
a point au-deffus des Etoiles fixes de points
marqués auxquels on puiffe les rapporter,
comme elles en font elles-mêmes pour les
Planetes ; d'ailleurs , puifque l'arc de rétrogradation diminue à raifon de la diftance, il doit être infenfible & nul pour
les Etoiles fixes.

habet itum & reditum Terræ à Septentrione ad Meridiem, & à Meridie ad
Septentrionem per 6 menses, undè
fit ut radii à Stellis profecti & cum
Terra hinc & indè provecti Stellas
nobis exhibeant in curvam circumactas
curvæ terreftri fimilem ; 3°. *accelera-
tio* Stellarum ; Sol enim ad nos accedendo mutat & retardat fingulis diebus puncta ortûs fui quia Terra circiter gradum unum fingulis diebus
conficit in ecliptica ; gradus ifte 4
minutis primis æquivalet ; ergo cum
Sol fingulis diebus Orientalior ad
Meridianum 4 minutis circiter tardiùs accedat , Stellæ videri debent
eadem quantitate citiùs progredi.

Solvuntur objectiones.

Obj. 1°. Habemus femper eamdem
Poli Borealis altitudinem ; eafdem-
que Stellas verticales : atqui tamen
fi Terra gyraret circa Solem non ha-
beremus , &c. ; ergo , &c.

Nego min. quoad utramque partem ; & 1°. eamdem Poli altitudinem
habere debemus per totum annum ,
nam cum Terra in fuo motu axem
fuum parallelum fervet, radii vifuales

per quos Stellam Polarem conspicimus paralleli sunt inter se ; jam verò radii paralleli , si protendantur ad immensam distantiam , ad punctum idem coincidere videntur ; ergo , 1°. &c. (1).

2°. Quamvis Terra per sex menses pergat ab uno Tropico ad alterum , seu totâ suæ orbitæ diametro longum spatium conficiat , distantia hujusmodi pro nihilo reputanda est relativè ad immensam fixarum distantiam & non impedit quominus radii visuales in iisdem punctis convergant.

Inst. Viator qui ab uno Tropico terrestri ad alium procederet , eas-

---

(1) L'élévation du pôle est la même chose que la latitude ; car nous ne pouvons aller de l'Equateur vers le Pôle (& c'est ce qu'on appelle latitude) que notre horizon ne s'avance avec nous ; nous en occupons le centre , & à mesure que nous marchons , il glisse sur la surface de la Terre : si donc nous sommes éloignés de l'Equateur de 49 degrés , notre horizon aura baissé devant nous de 49 degrés ; mais par la même raison qu'il sera baissé, le Pôle aura dû nous paroître s'élever de la même quantité ; donc , &c. (La latitude de Paris est de 49 degrés).

dem

dem non haberet Stellas perpendiculares ; ergo à pari , Terra , &c.

Nego conf. & paritatem. Ratio
disparitatis est quòd Terra in tota sua
revolutione eamdem servet axis inclinationem, undè fit ut radii visuales
sint inter se paralleli ; viator verò
qui suprà globum ab uno Tropico ad
alium excurrit non eamdem habet
inclinationem suprà Terram in uno
quam in altero Tropico ; hinc radii
visuales quos excipit à Stellis nedum
sint paralleli sese in centro Terræ
intersecarent.

Obj. 2°. Sol videtur diutiùs immorari in percurrendis 6 signis borealibus quàm australibus ; Sol in signis
borealibus Apogæus est & minor apparet , Perigæus autem & major in
parte meridionali ; Sol Perigæus moveri videtur velociùs quàm Apogæus :
atqui hæc omnia non possunt explicari in systemate Copernicano ; ergo ,
&c.

Neg. min. quoad omnes partes ; 1°.
Sol diutiùs immorari debet in parte
Septentrionali quia Terra diutiùs im-
moratur in signis oppositis , quippè
quæ majorem suæ ellipseos partem

II. Partie.   O

emetiatur; 2°· Sol dum versatur in parte boreali Apogæus est & minor videri debet, quia majori à Terra distat intervallo; 3°. Sol velocior videri debet in Perigæo, quia Terra cum Soli propior sit, ipsa celeriùs movetur.

Inst. Contrà secundam partem ; constat Solem Hyeme versari in parte australi : atqui tunc non potest esse Perigæus, Sol etiim Hyeme minorem vim & calorem exerit ; ergo , &c.

Neg. min. Nam 1°. Hyeme radii Solares obliquè in nostrum Tropicum cadunt, verticaliter autem Æstate; 2°. plures ab athmosphera nostra reflectuntur, & pauciores perveniunt qui per multas reflectiones & refractiones debilitantur ; 3°. Æstate per 16 horas in plagas nostras agunt , Hyeme autem per 8 ; ergo , &c.

Obj. 3°. Si Terra gyraret circa suum axem , ruerent ædificia & per tangentem effugerent ; aves nidos reperire non possent ; ad transeundum amnem sufficeret mediocris saltus ; pila quæ versùs orientem emitteretur velociùs iret quam jacta versùs occidentem , &c. &c. ; ergo , &c.

Nego ant. quoad omnes partes ;
actum est nunc de his objectiunculis.
Etenim quis nesciat ædificia & gravia
quæcumquè retineri suprà globum virtute suæ gravitatis? Quis nesciat aves,
arbores, animalia quælibet, pilam
&c. in motu Terræ rapi cum athmosphera ? Porrò motus iste communis
nullàtenùs nocet motibus peculiari-
bus ; nonne dum ventis navis abri-
pitur pilâ ludere possunt Nautæ ;
nonne ex fastigio mali globus ad
ejusdem mali radicem labitur ? &c.
&c. ; ergo, &c.

Obj. 4°. Adversatur systema Copernicanum scripturæ sacræ ; ergo,
&c.

Nego ant. Omnes enim textus qui
objici possunt explicantur litteraliter in
sensu Copernici ; v. g. cum dixit Josue
sta Sol, eo modo locutus est quo locutus fuisset Copernicus, nempè ex
apparentiis ; nonne quotidie Copernicus, nonne nosmetipsi dicimus *Sol
oritur*, *Sol occidit*, &c. ? Josue profectò intellectus non fuisset à militi-
bus si exclamasset *sta Terra* ; qui lo-
quendi modus nunc etiam ridiculus
esset.

Obj. ultimò ; in systemate Copernicano explicari non poſſunt eclipſes Solis , Lunæ & aliorum ſyderum ; ergo, &c.

Nego ant. ; ſed ut clariùs evolvatur hujuſmodi phænomenum quod graviſſimi momenti eſt , iterùm linguâ vernaculâ uti liceat.

Tout corps opaque préſenté au Soleil, n'a qu'une partie éclairée, & jette l'ombre de l'autre dans le ſens oppoſé à la lumiere : ſi ce corps étoit égal au Soleil, ſa partie éclairée ſeroit une moitié, l'autre conſéquemment formeroit une ombre de la même largeur qui s'étendroit à l'infini ſous la forme d'un cylindre (Fig. 28) : s'il étoit plus grand que le Soleil, la partie obſcure ſeroit plus grande que la partie éclairée, & l'ombre iroit à l'infini en cône tronqué (Fig. 29) ; s'il eſt plus petit que le Soleil, la lumiere en embraſſe plus que la moitié, & l'ombre ſe termine en cône (Fig. 30 & 31) : c'eſt de cette derniere maniere que la Terre, la Lune & les autres Planetes jettent leur ombre. Si donc lorſque la Terre eſt entre le Soleil & la Lune, la Lune pénetre dans le *cône ombreux* que forme la

Terre, la Lune sera obscurcie, c'est-
à-dire éclipsée ; & si , quand la Lune
est entre la Terre & le Soleil , la
Terre traverse le *cône ombreux* pro-
jeté par la Lune, la Terre ne recevra
plus les rayons du Soleil, & cet astre
lui paroîtra obscurci , autrement
éclipsé. Il en est de même de Jupiter
& de Saturne à l'égard de leurs Satellites ; les éclipses des Etoiles fixes par
la Lune ou quelqu'autre Planete ,
s'appellent *occultation* ; & lorsqu'une
Planete , comme Venus & Mercure ,
passe sous le Soleil , elle n'en couvre
qu'une petite partie , ce qui fait appeller cette sorte d'éclipse *passage* :
nous ne parlerons ici que des éclipses
du Soleil & de la Lune.

ECLIPSES DE LUNE.

La Lune ne peut être éclipsée qu'elle
ne soit *pleine* , c'est-à-dire, en opposition avec le Soleil, parce qu'alors
la Terre qui est intermédiaire intercepte les rayons du Soleil, & jette
son ombre vers la Lune ; mais comme
le plan de l'orbite lunaire est incliné
sur le plan de l'orbite terrestre, l'ombre de la Terre peut passer à côté de

la Lune, si cette Planete est dans une partie de son orbite plus haute ou plus basse que le plan de l'écliptique; d'où il suit qu'il ne doit pas y avoir éclipse dans toutes les pleines Lunes; elle n'arrive que quand la Lune est au point ou fort près du point d'intersection, qui rend le plan de son orbite commun avec celui de l'écliptique. (Les deux points d'intersection se nomment *nœuds*, l'un *ascendant* & l'autre *descendant*, ou la *tête* & la *queue du dragon* ; c'est par le nœud ascendant, la tête du Dragon, que la Lune s'éleve dans la partie boréale, & par la queue du Dragon, ou le nœud descendant, qu'elle passe au Midi). Ainsi (Fig. 30) le Soleil étant au point S, la Terre dans l'écliptique au point T, la Lune au nœud n, il y aura éclipse.

La durée d'une éclipse est le temps qui s'écoule entre l'*immersion* & l'*émersion*. L'immersion est le moment où le disque de la Lune commence à entrer dans l'ombre ; l'émersion est l'instant où il commence à reparoître. L'éclipse est *centrale* ou non *centrale* ; la premiere arrive quand le Soleil, la Terre & la Lune ont leur centre dans la même ligne droite , & elle eſt toujours *totale* , c'eſt-à-dire qu'elle obſcurcit entiérement la Lune; la ſeconde eſt quelquefois *totale* , & ſouvent *partielle* : c'eſt pour détermi-ner exactement la grandeur des éclipſes partielles , que les Aſtronomes ont diviſé le diſque de la Lune en 12 *doigts* , ou 12 parties égales; l'éclipſe eſt de 6 doigts lorſque la moitié du diſque eſt plongé dans l'ombre ; de 3 doigts quand il n'y en entre que le quart , &c. : ſi l'éclipſe totale dure quelque temps , on dit qu'elle eſt to-tale *cum mora* ; & ſi elle n'eſt qu'inſ-tantanée , on l'appelle totale *fine mora*. Les plus longues éclipſes ſont les *cen-trales* , quand la Lune eſt *Apogée* , parce qu'elle ſe meut alors plus len-tement ; cependant jamais elles ne vont juſqu'à 5 heures.

La Lune , quoique totalement éclipſée , paroît tantôt rougeâtre , tan-tôt de couleur *cendrée* , &c. , parce qu'il ſe mêle toujours quelques rayons de lumiere dans l'ombre à cauſe de la réfraction ; elle paroît même ſen-ſiblement plus pâle & plus obſcure avant que d'entrer dans l'ombre , ce qui vient d'un mélange marqué d'omlire & de lumiere, que l'on appelle *pé-nombre* : si quelquefois dans le temps de l'éclipse on la voit sur l'horizon avec le Soleil, ce n'est qu'une illusion optique occasionnée par la réfraction des rayons dans l'athmosphere ; car la Lune est alors à 6 signes, ou 180 degrés du Soleil.

Les éclipses de Lune sont univer-selles, c'est-à-dire qu'elles sont vues dans tous les pays où elle brilloit avant que d'être éclipsée ; mais elles commencent & finissent à différents temps pour les différents pays, selon qu'ils sont plus ou moins à l'orient ; aussi ont-elles beaucoup servi à per-fectionner la Géographie par l'exac-titude des longitudes.

Comme la Lune a son mouvement d'occident en orient, c'est toujours par son bord ou *lymbe* oriental que commence l'immersion.

ECLIPSES DE SOLEIL.

Si la Lune, quand elle est *nouvelle*, se trouve entre le Soleil & la Terre, cette interposition diamétrale nous privera de lumiere, & nous aurons éclipse de Soleil ; la situation des trois astres

aftres fera comme dans la Fig. 31,
où le Soleil étant au point S , & la
Terre au point T de l'écliptique, la
Lune fe trouve dans fon nœud N ,
& jette fur la Terre *un cône ombreux*;
le Soleil doit être éclipfé plus rare-
ment que la Lune, d'abord parce que
cette Planete ne fe trouve pas toujours dans le nœud ou près du nœud
de fon orbite quand elle eft en conjonction; en fecond lieu, parce qu'elle
ne jette pas une ombre auffi longue que
la Terre , étant cinquante fois plus
petite qu'elle.

Les éclipfes de Soleil font divifées
en *partielles* , *totales* , *centrales* & *annulaires* ; elles font partielles quand
la Lune ne nous cache qu'une partie
plus ou moins grande du difque folaire ; totales, fi tout le difque eft
caché ; centrales, fi une même ligne
joint les centres des trois Aftres ;
annulaires , lorfque l'on voit un anneau de lumiere couronner le difque
de la Lune.

Les éclipfes totales de Soleil font
bien rares; mais elles peuvent arriver
quand la Lune *Périgée* eft en conjonction avec le Soleil *Apogée* , parce
qu'alors le difque de la Lune eft

II. Partie.   P

plus grand que celui du Soleil.

Les éclipses centrales, qui arrivent lorsque le Soleil est *Périgée* & la Lune *Apogée*, sont *annulaires*, parce que le disque de la Lune est dans ce moment plus petit que celui du Soleil, ce qui fait déborder un peu la lumiere.

Les éclipses de Soleil ne peuvent jamais être universelles, c'est-à-dire mettre tout l'hémisphere de la Terre dans les ténebres, parce que la Terre beaucoup plus volumineuse que la Lune, ne peut jamais entrer entiérement dans l'ombre du cône ; elles n'arrivent pas non plus en même temps dans tous les lieux où elles sont visibles ; mais elles paroissent plutôt aux parties occidentales qu'aux pays orientaux : le limbe occidental du Soleil est toujours le premier caché, parce que le Soleil & la Lune allant d'Occident en Orient, la Lune ne peut passer devant le Soleil qu'elle n'atteigne premiérement son bord occidental.

Dans la plupart des éclipses solaires, le disque obscurci de la Lune paroît couvert d'une lumiere foible, occasionné par les rayons que réfléchit sur la Lune la partie éclairée de la Terre.

SYSTEMA
TYCHONICUM.

TYCHO-BRAHÆUS Nobilis Danus, ratus admitti non posse corporum cœlestium dispositionem quam finxerat Ptolomœus, neque motum Terræ à Copernico adscriptum, systema quoddam ex Copernicano & Ptolomaïco mixtum adornavit.

Itaque 1°. Supponit duplex in mundo centrum distingui posse, quorum unum sit Terra, Sol verò alterum. Circa Terram gyrant Luna, Sol & cœlum stelliferum cui primum mobile dedit; circa Solem autem cæteri Planetæ volvuntur. 2°. Orbitæ Martis, Jovis & Saturni complectuntur orbitam Terræ, sic tamen ut orbita Martis intersecet orbitam Solis; orbitæ Veneris & Mercurii sunt inferiores. 3°. Omnes istæ orbitæ non sunt circuli perfecti, sed ellipses, hinc Apogæa & Perigæa Planetarum. 4° Ut explicentur stationes, directiones & retrogradationes, orbitæ

Planetarum in fpirales circumvol-
vuntur.

PROPOSITIO.

Rejiciendum eft fyftema Tychonis.

PROBATUR. Illud fyftema rejiciendum eft quod Mechanicæ & Aftronomiæ principiis adverfatur : atqui
fyftema Tychonis adverfatur, &c. 1°.
Mechanicæ principiis ; repugnat enim
Phyficæ legibus ut corpus quod reperitur in athmofphera cujus Sol centrum occupat, iifdem non fubjiciatur
impreffionibus quibus cæteri Planetæ.
2°. Aftronomiæ principiis; nam ut de
aliis vitiis non loquamur, fieri poteft
ut Sol cum Marte in eodem punĉto
reperiatur obvius, propter orbita-
rum interfeĉtionem ; ergo , &c.

DE ASTRONOMIA

PHYSICA.

PHILOSOPHI veteres infelici admodùm exitu causas attulerant quibus motus cœlestes explicarent, quàpropter Carthesius aliam excogitavit hypothesim quæ diù celeberrimos habuit asseclas, deindè à Mallebranchio, Fontenellio & Molierio correcta fuit, & nunc ab omnibus fermè rejicitur ; hanc sic breviter exponere juvat.

SYSTEMA

CARTHESIANUM.

SUPPOSUIT Carthesius, 1°. materiam fuisse à Deo creatam homogeneam & spatia quæcunque replentem, ita ut repugnet omninò vacuum ; 2°. illam fuisse divisam in partes cubicas quæ facie ad faciem aliæ aliis applicarentur (1); 3°. impreſſum fuiſſe motum toti materiæ collectioni circa commune centrum , & ſingulis partibus circa varia centra , ita ut aliæ contra alias niterentur ; ex his conditionibus deduxit elementa & leges corporum omnium quibus componitur orbis.

Scilicet primordiales iſtæ materiæ partes non potuerunt ita concuti & moveri, quin , abraſis per frictionem cuborum angulis , in globulos transformarentur ; jam verò ex angulis inæqualiter fractis & corroſis ortus eſt pulviſculus quidam tenuiſſimus , & ecce *primum elementum , materia ſubtilis* Cartheſii : ex cubis in globulos mutatis natum eſt *ſecundum elementum , materia globuloſa* ; & tandem ex craſſioribus irregularibuſque angulorum fragmentis exſurrexit *materia ramoſa , ſeu tertium elementum.* Tria hæc elementa , cum circa commune centrum & ſimul ſigillatim

---

(1) Une portion *cubique* de matiere a la forme d'un dez à jouer : Deſcartes la choiſit pour éviter le vuide qu'euſſent laiſſé néceſſairement entr'elles par leur contact des parties rondes.

circa centra peculiaria revolverentur,
in vortices rotari debuerunt ; hinc
systema Carthesii dictum est systema
vorticum ; primum elementum, utpotè subtilius in centro coacervatum
fuit & composuit *Solem* & Stellas
fixas ; tertium, utpotè crassius ad
circumferentiam fuit amotum & corpora opaca constituit seu *Planetas* ;
secundum verò tertio levius & gravius primo, mediam distantiam oc-
cupavit, & est materia *luminis.*

Vortex igitur, juxtà Carthesium,
nihil aliud est quàm ingens fluidum
sphæricum aut proximè ad figuram
sphæricam accedens quod circa commune centrum aliquod volvitur &
quod ex triplici elemento conflatur,
materiâ nempè *subtili*, *globulosâ &*
irregulari quarum una quæque suo
loco disponitur pro diversa sua mole
& triplici motu agitatur, motu proprio circa centrum suum, motu flui-
ditatis in omnem sensum, & motu
communi circa centrum aliquod commune. Sol suum habet vorticem in
quo natant & vehuntur Planetæ cum
suis vorticulis ; suos habent Stellæ fixæ,
circa quas Planetæ forsan gyrant :
hæc sunt Carthesii principia quæ à

celeberrimis poſteà Carthefianis emen-
data fuerunt ; undè vortices *ſimplices*
dicti ſunt & *compoſiti* ; priores finxit
Carthefius , poſteriorum Autores
ſunt Mallebranchius , Molierius ,
&c. ; utroſque unica propoſitione
confutare facile eſt.

PROPOSITIO.

Rejiciendum eſt ſyſtema Carthefia-
norum.

PROBATUR. Illud ſyſtema rejiciendum eſt in quo, præter alia vitia
quibus laborat , Cometæ moveri non
poſſunt : atqui Cometæ non poſſunt,
&c. ; nam materia cœleſtis , propter
accuratum plenum quod admittunt
Carthefiani , eamdem habet denſita-
tem ſub pari volumine quàm Cometæ,
ergo cum corpora tum fluida tum
ſolida pro ratione denſitatis reſiſtant,
cumque Cometæ in omnem ſenſum
vagabundæ ferantur , brevi per varios
aliorum Planetarum vortices tran-
feundo ſuam velocitatem amitterent;
ergo , &c. (1).

____

(1) Deſcartes voyoit comme tous les
autres hommes une barque flotter ſur les

SYSTEMA

NEWTONIS.

NEWTO Carthesii non quidem
vestigia calcando, sed facem & erro-
res observando, non securo minus
quàm cauto pede ad intima naturæ
arcana penetravit & eorum potiùs ana-
lysim exposuit quàm systema suum ;

---

eaux, & prendre le mouvement du courant ; les pailles, les feuilles s'agiter en
tourbillon quand elles sont poussées par le
vent : de ces idées si simples, il tira en
homme-de génie l'étonnant méchanisme
que nous venons de crayonner ; il vit la
nature dans un point de vue séduisant, mais
malheureusement faux ; cependant ce n'est
pas une raison de moins estimer ce grand
Homme ; il ne pouvoit rien faire de mieux
dans un temps où les Observations Astro-
nomiques étoient encore imparfaites &
mal constatées ; il *créoit* la Physique , &
pour en poser les fondements, il fondoit sans
secours & sans guide des profondeurs qui
n'étoient remplies que de ténebres ; en un
mot, ce n'est que d'après sa marche hardie
qu'on a vu le chemin qu'il falloit suivre.

hæc funt autem quibus nixus eft
principia.

1°. Ex motu corporum curvilineo
concludit dari *tendentiam* ad aliquod
punctum quod intrà curvam reperiatur, quocunque nomine infigniatur
hæc tendentia, five *gravitationis*,
five *vis centripetæ*; cumque corpus
ad centrum attrahat, dum per vim
aliam, fcilicèt per vim projectilem
ad aliud punctum fertur, illam *attractionem* nuncupavit; abfit ut credatur qualitas occulta; hanc enim
Newto propofuit tanquam creatoris fapientiffimi voluntatem & legem
naturæ generalem.

2°. Attractio eft *reciproca*, id
eft, omnibus corporibus ita compe-
tit, ut fi corpus A, v. g., versùs
corpus B tendat, pariter corpus B
tendat versùs corpus A; hinc attractio *activa* eft & *paffiva* in utroque;
activa, quam exercet corpus A in
corpus B; paffiva, quam patitur
corpus B à corpore A, & vice
verfâ.

3°. Attractio agit in ratione in-
verfa quadratarum diftantiarum, id
eft, decrefcit recedendo à centro
prout crefcunt quadrata diftantiæ

rum , undè in dupla distantia quadruplò minor erit, in tripla novies
minor , in quadrupla sexdecies, &c.

4°. Attractio proportionalis est
moli corporis attrahentis & corporis attracti, id est , quo plures sunt
partes materiæ in corporibus , seu
quo major est eorum densitas , eò
major est attractio quam exercet
unum & quam alterum patitur.

5°. Deus initio creavit Solem ,
Stellas , Planetas & alia corpora cœ-
lestia ; Solem in centro collocavit ,
Planetas verò in orbitas ellipticas vi-
bravit quas voluit ab iis circa centrale corpus describi.

6°. Motus ille Planetarum ellipticus oritur à combinatione motûs *projectilis* quo nituntur effugere pertan-
gentem , & *vis centripetæ* quâ tendunt
in centrum ruere præcipites ; si vis
utraque semper æqualis esset , Planetæ describerent circulos quia non
magis à centro per vim projectilem
recederent quàm accederent ad centrum per vim centripetam ; sed modò
major est vis centripeta quamvis projectilis , modò vis projectilis alteri
dominatur ; hinc Planetæ, non circulos , sed curvas oblongas seu ellipses
describunt,

7°. Exiſtit in ſpatiis cœleſtibus *vacuum*, id eſt ab ipſis exulat fluidum quod ſyderum motibus nocere poſſit; hinc vacuum admiſſum à Newtone non eſt vacuum perfeǔum & *abſolutum*, ſed *relativum* duntaxat & quale requiritur ut nulla ſit reſiſtentia ſenſibilis; lumen ergo & vapores tenuiſſimi conciliari poſſunt cum vacuo Newtonis (1).

---

(1) Newton réfléchiſſant ſur les loix de la peſanteur établies dans la Théorie de Galilée, ſoupçonna que la gravité n'étoit pas, comme l'avoit cru ce Phyſicien, une force conſtante & toujours la même, à quelque diſtance que l'on pût ſuppoſer un corps; mais qu'elle s'étendoit bien au-delà de la ſurface de notre globe, & alloit peut-être toujours en diminuant: plein de cette idée, qui n'avoit encore aucun fondement, il remarqua qu'un boulet de canon décrivoit une courbe, dont le foyer étoit au centre de la Terre, & il en conclut que, lancé avec une force ſuffiſante & d'une hauteur aſſez grande, il parcourroit autour du globe entier une courbe, dans laquelle il ſeroit conſtamment retenu par les deux efforts de la projection & de la gravité: cette nouvelle réflexion le conduiſit naturellement à croire que les corps céleſtes n'avoient point d'autre cauſe de leurs mouvements; mais il falloit auparavant déterminer les loix de la gravitation pour toutes les diſtances, au-

P R O P O S I T I O.

Admittendum est systema Newtonis.

PROBATUR. Admittendum est

---

trement prouver l'action d'un même principe dans telle ou telle proportion avec l'éloignement ; car il eût été bifarre de donner à chacun des corps céleftes, une gravitation avec autant de loix différentes. Cet obftacle, qui eût arrêté tout autre que Newton, difparut fous le calcul de ce grand Géometre : il compara la maffe de la Lune avec celle d'un corps terreftre, & fit ce raifonnement fondé fur la Théorie de Galilée. Si la Lune pefe vers la Terre, & que ce foit en vertu de cette pefanteur qu'elle décrive fa courbe, en la fuppofant abandonnée à fa gravité, elle tomberoit avec un mouvement uniformément accéléré ; or, d'après la plus exacte géométrie, elle parcourroit 15 pieds en une minute, & un corps terreftre en parcourroit 15 en une feconde, comme le prouve l'expérience : une minute contient 60 fecondes ; le quarré de 60 eft 3600 ; le corps terreftre feroit donc 3600 fois 15 pieds en une minute, & la Lune n'en feroit que 15 ; (les efpaces font comme les quarrés des temps). Voyons maintenant le rapport des diftances. Le corps terreftre n'eft éloigné du centre de la Terre que d'un rayon ; la Lune en eft diftante de 60 rayons ; ainfi les pefanteurs font dans le

illud syftema cujus principia certa
funt, & in quo folvuntur facillimè
phænomena cœleftia : atqui , &c. ;
1°. Certa funt principia fyftematis
Newtonis ; præcipua enim funt vacuum & attractio : atqui hæc duo
exiftunt : 1°. Vacuum ; nam aër juxta
fuperficiem Terræ rariffimus eft , ut
experimentis conftat ; & ejus rare-
factio crefcit prout à fuperficie Terræ
receditur , ita ut in regione Lunæ , fi

---

rapport de 3600 à 1 , & les diftances dans
le rappor d'un à 60 ; de plus, 3600 eft le
quarré de 60 , & 1 eft le quarré d'un ; nous
avons donc une proportion bien marquée :
la gravitation de la Lune eft à la gravitation
du corps terreftre , comme 1 , quarré de
la diftance du corps terreftre , eft à 3600 ,
quarré de la diftance de la Lune ; donc la
gravitation des deux maffes eft en raifon inverfe du quarré de leurs diftances au centre
du globe attirant ; autrement la Lune eft
3600 fois moins attirée à la diftance de 60
rayons , qu'elle ne le feroit à la diftance d'un
rayon , ou près de la furface de la Terre.

Eft-il rien de plus naturel , de plus fuivi ,
de plus heureux que cette marche ? Et n'a-
t-on pas droit de conclure avec Newton ,
que l'attraction n'eft point une brillante chi-
mere d'une imagination féconde , mais l'action même de la Nature , & une de fes
Loix générales ?

quis sit, pro nihil sit reputandus ; ergo exiftit vacuum quale requirit Newto (1). 2°. Attractio ; corpora enim gravia funt : atqui illorum gravitas oritur ab attractione ; vel enim oritur ab attractione, vel ab impulfione nafcitur : atqui pofterius dici nequit ; impulfio enim *materiæ fubtilis*, v. g. proportionalis eft fuperficiei corporum, gravitas verò fequitur rationem molis & non fuperficiei ; ergo, &c.

2°. In fyftemate Newtonis facillimè folvuntur phænomena cœleftia, & hoc eft optimum quo veritas ipfius probari poffit argumentum ; fint enim in exemplum motus Planetarum ellipticus circà Solem, irregularitates Lunæ, Æquinoxiorum præcef-

---

(1) L'idée du *vuide* eft une conféquence de l'attraction ; car nous ne connoiffons que deux Loix générales, l'impulfion & l'*attraction*. L'impulfion fuppofe une matiere qui *pouffe* pour communiquer le mouvement ; auffi Defcartes, dont le fyftême étoit celui de l'impulfion feule, ne pouvoit-il rien faire fans le *plein* ; mais rien ne *pouffe* dans l'attraction, c'eft même le contraire ; il faut donc, pour éviter tout obftacle, admettre du *vuide*.

fio , perturbationes quas in fuo curfu
patiuntur Jupiter & Saturnus, & tandem actio Lunæ in aquas maris: atqui in horum omnium explicatione
triumphos agit Newto.

1°. Motus ellipticus explicatur ;
nam ellipfis eft curva oblonga , ex-
centrica , in fe rediens , & in duobus fuis verticibus acuta (Fig. 32) :
atqui hujufmodi curvas defcribere
debent Planetæ in fyftemate Newtonis ; nam Planetæ tendunt ad Solem
cum vi gravitatis quæ fequitur rationem inverfam quadratæ diftantiæ
& vibrati fupponuntur cum vi pro-
jectili quæ proportionem habet ad
vim gravitatis ; ergo Planetæ reperiuntur inter duas vires ad angulum
oppofitas quarum una uniformis eft ,
altera vero crefcit & decrefcit in
ratione duplicata diftantiarum inver-
fè ; ergo variari debet angulus ; ergo
Planetæ varias diagonales , modò
longiores modò breviores fequi debent ex quibus non circulus nafca-
tur , fed curva oblonga , &c. (1).

____

(1) La force de projection forme avec la
force centripete un angle , tantôt droit ,
tantôt aigu , & tantôt obtus. L'angle eft
2°.

2°. Lunæ irregularitates explicantur in fyftemate & quidem in folo fyftemate Newtonis, fcilicèt, 1°. Lunæ motus acceleratur in ultimo & fecundo menfis fynodici quadrante; retardatur autem in primo & tertio; ratio in promptu eft ex attractione; cum enim Luna in

---

droit lorfque la Planete fe trouve à l'aphélie A, ou au périhélie H; l'angle eft aigu quand la Planete defcend de l'aphélie A au périhélie H; enfin l'angle devient obtus quand la Planete monte du périhélie H à l'aphélie A, parce que les deux forces de projection & de gravité fe combinent de maniere que tantôt elles font égales, & tantôt l'une l'emporte fur l'autre : le point F, où fe trouve le Soleil, eft le *foyer*; le point P eft le centre de la figure; mais le centre des mouvements eft au foyer F : le point f eft un fecond foyer de l'ellipfe; mais comme il n'y a ici qu'un corps attirant, qui eft le Soleil, toute l'action aboutit au point F; les lignes FD, Fd, font des rayons vecteurs; les lignes AH & BC font le grand & le petit axe; les portions AF & FH du grand axe, s'appellent la grande & la petite *abfciffe* ou *apfide*; les diftances des extrêmités B & C du petit axe au foyer F, fe nomment les *moyennes diftances.*

II. Partie.   Q

ultimo quadrante pergit ad *novilu-*
nium , propior fit Soli ; ergo magis
attrahitur ; ergo *verè* acceleratur.
Cum , in fecundo quadrante , pergit
ad *plenilunium* , magis à Sole diftat
quàm Terra ; ergo Terra magis
attracta velociùs procedit; ergo Luna
acceleratur *apparenter* (Fig. 24) ;
quando in primo quadrante pergit
ad primam quadraturam , retrahitur
per actionem Solis cui vicinior eft;
ergo *verè* retardatur; & quando in
tertio quadrante à *plenilunio* ad fe-
cundam quadraturam accedit, magis
à Sole diftat quàm Terra ; ergo Terra
magis per attractionem ad Sol defcendit ; ergo cum motus Terræ &
Lunæ fiant in eundem fenfum, Luna
apparenter retardari debet. 2°. Curva
Lunæ magis complanatur in fyfigiis
quàm in quadraturis ; & fic explicat iftud phœnomenum attractio :
Luna in conjunctione Soli propior
eft quàm Terra ; ergo Sol magis
eam attrahit quàm Terram proinde-
que minuit ejus gravitatem in Terram ; ergo pars quam tunc in orbita
fua defcribit minus versùs Terram
concava effe debet , feu magis com-

planata : Luna verò in oppositione magis à Sole distat quàm Terra ; ergo Terram magis Sol attrahit quàm Lunam & eam quasi à Luna divellit ; minuitur ergo Lunæ gravitas in Terram & proindè ipsius curva complanatur.

Eâdem prorsus facilitate solvit Newto cæteras Lunæ irregularitates ; tradit nempè causas cur, v. g. propè sysigias & quadraturas Luna describat areas temporibus proportionales, non verò in aliis punctis, cur Hyeme lentiùs moveatur & in orbe plus expanso ; Æstate citiùs & in orbita contractiore ; cur ipsius Apogæa in ortum progrediantur & ipsius nodi cum ecliptica retrogrediantur ; cur ipsius orbita suam mutet inclinationem cum eclipticæ plano, sed non ultrà certos limites, &c. ; harum omnium demonstrationes in medium proferre quàm juvaret, ut plena daretur systematis Newtonis idea ! Sed nos ad alia revocant compendiosi operis angustiæ.

3°. Æquinoxiorum præcessio explicatur in systemate Newtonis ; Terra enim non perfectè spherica est, sed complanata per Polos & versùs

Æquatorem protuberans (1); hæc
Terræ protuberantia spectari potest

---

(1) La Terre ne peut pas tourner sur son
axe en 24 heures, que toutes ses parties
ne tendent à s'échapper par la tangente,
(cette tendance est appellée force centrifuge) : or les parties qui composent l'Equateur terrestre doivent avoir plus de force
centrifuge que celles qui forment les Tropiques , & celles qui forment les Tropiques , plus que celles qui sont aux cercles
Polaires, &c. , puisque l'Equateur est un
cercle plus grand que les Tropiques , &c.
Newton avoit conclu de ce raisonnement
que la Terre devoit être un *sphéroïde* ap-
plati aux Pôles , & bombé à l'Equateur.
M. Richer, Membre de l'Académie des
Sciences de Paris, fut, en 1672 , à l'Isle de
Caïenne, située en Amérique à 5 degrés de
l'Equateur : là il s'apperçut que son pendule décrivoit son arc plus lentement qu'à
Paris, & conséquemment retardoit, preuve
qu'il y avoit moins de pesanteur à Caïenne
qu'à Paris, puisque c'est la pesanteur qui
fait jouer les pendules ; & nouveau sujet
de croire que la Terre étoit un spéroïde ap-
plati à ses Poles , & renflé à son Equateur :
enfin , ces fortes conjectures devinrent des
démonstrations lumineuses après les opérations de MM. de la Condamine , Bouguer,
Godin , Maupertuis, Clairaut, &c.
. Ces illustres Mathématiciens partirent ,
les uns pour l'Equateur, les autres pour le
Nord , & trouverent , en comparant leurs

ut annulus quo terreſtris Æquator circumcingitur & magis à Sole Lunaque, conjunctim attrahitur quàm regio Polaris ; ergo mutari debet inclinatio Æquatoris ſuprà eclipticam ; mutatâ inclinatione, mutantur puncta interſectionis , ſeu *Nodi* & ipſorum motus in cauſa eſt cur Stellæ fixæ moveri videantur , &c. ; ergo , &c.

4°. Ratio datur perturbationum quas patiuntur Mars , Jupiter & Saturnus. Jupiter enim quando cum Saturno conjunctus eſt , eum longè magis attrahere debet quàm ſi cum eo in oppoſitione aut quadraturis reperiatur (moles Jovis non parùm ſuperat molem Saturni) ; ergo eum

---

calculs , qu'il falloit faire environ 1000 toiſes de plus du côté des Poles que du côté de l'Equateur , pour que l'élévation de l'Etoile Polaire changeât d'un degré par rapport à un même obſervateur ; c'eſt-à-dire, que le degré du Méridien terreſtre eſt plus grand d'environ 1000 toiſes du côté des Poles, que du côté de l'Equateur, & par conſéquent la Terre eſt plus applatie aux Poles qu'à l'Equateur. Voyez ſa forme (Fig. 33) ; il eſt donc naturel que les corps ſoient moins graves à l'Equateur que vers les Poles.

infrà , id eft, versùs fe & versùs Solem detorquere debet; hinc fit ut Saturnus citiùs ad aphelii punctum perveniat (1).

Eadem de caufa non poteft Mars
quin paulifper quoque à fuo tramite
deviet, & cum attractus à Jove aliquid de fua in Solem gravitate deper-
dat, tardiùs ad punctum aphelii pervenire debet (2).

Quantacunque fit Jovis moles, in
ipfam tamen agit Saturnus & Jovem
ad aphelii punctum afcendentem moratur (3).

---

(1) Saturne ne peut pas accélérer fon
mouvement par l'attraction de Jupiter ,
qu'il n'arrive plutôt à fon aphélie ; or ,
par là même qu'il atteint plutôt l'aphélie ,
l'aphélie doit lui-même nous paroître plus
occidental ; auffi les Aftronomes ont-ils remarqué que depuis l'année 1708, l'aphélie de Saturne avoit eu un mouvement
d'Orient en Occident , de plus de 33
minutes.

(2) Les Aftronomes ont remarqué que
l'aphélie de Mars avoit eu un mouvement
d'Occident en Orient de 31 degrés 7 minutes 34 fecondes dans l'efpace de 1561
années.

(3) Les Aftronomes ont remarqué que
l'aphélie de Jupiter avoit eu , dans l'efpace de 1583 ans , un mouvement d'Oc-

De actione Lunæ in aquas maris
pauca dicemus poft aliquot objectio-
num folutionem ; itaque.

Solvuntur objectiones.

Obj. 1°. Si corpora in fe mutuò
gravitarent, atomus non poffet ad
terram accedere quin ipfa Terra
verfùs atomum accederet ; atqui
hoc falfum & experientiæ contrarium ;
ergo, &c.

Nego min. Nam ita eft fi tendentia
illa Terræ poffit effe realis quamvis
refpectu noftri fit infenfibilis : atqui,
&c.; nam cum moles atomi fit infinitè parva refpectu molis Terræ,
cumque attractio proportionalis fit
molibus, fequitur Terram ab atomo
attrahi, fed quantitate infinitè parvâ ;
ergo velocitas Terræ communicata
infinitè parva eft ac proindè nobis
infenfibilis; eadem de caufa lapides
fuprà Terræ fuperficiem diffeminati

---

cident en Orient, de 25 degrés 5 minutes.
Quel fyftême que celui qui fe trouve dans
un fi bel accord avec les plus fcrupuleufes
obfervations! Auffi peut-on affûrer que tous
les calculs de l'immortel Newton font autant de Tables Aftronomiques.

ad fe invicem non accedunt quamvis mutuò fe fe attrahant , ipforum nempè attractio mutua vincitur per attractionem quam in eos exercet Terra , &c.

Obj. 2°. Illa caufa cum qualitatibus occultis ableganda eft cujus origo & modus agendi prorsùs ignorantur : atqui talis eft attractio ; ergo , &c.

Neg. min. quoad utramque partem ; & 1°. non ignoratur attractionis origo ; lex enim quæ fe prodit in omnibus corporibus , lex cujus calculo certiffimè prædici poffunt effectus qui deinceps reverà contingunt , certam habet originem in voluntate creatoris & reputanda eft una ex naturæ legibus univerfalibus : atqui fic fe habet attractio ; in omnibus corporibus fe prodit ; nullum eft enim quod circa centrum aliquod non gravitet ; ex ipfius calculo prædici poffunt eventus; fic Newto prædixit Flamfteedio cui amicus erat & aliis de vaticinii veritate dubitantibus , perturbatum iri Saturnum in fua cum Jove conjunctione , refque ftupentibus omnibus accidit ; fic prædicuntur Cometarum reditus , prævifis etiam eorum perturbationibus. 2°.

Modus

Modus agendi attractionis non latet ;
quid enim evidentiùs quàm ejus actio
in ratione inversa quadratæ distantiæ?

Obj. 3°. Viri physici non est recur-
rere ad voluntatem Dei in assignanda
phænomenorum causa ; ergo , &c.

Dist. ant. Quando agitur de principiis particularibus , conc. ; quando
agitur de principio generali & quod
primus longæ phænomenorum catenæ
annulus est, nego ; quasi verò non sit
voluntatem Dei recurrendum ut ipsa-
met impulsio existat !

DE ÆSTU MARIS RECIPROCO,

Seu

DE FLUXU ET REFLUXU.

MARE est ingens aquarum congeries in amplissimo alveo propè superficiem Terræ contenta quæ in Occanum dividitur & *Mare Mediterraneum* (1). In aquis maritimis motus duplex & regularis agnoscitur, alter quo ab ortu in occasum feruntur & quidem modo sub Zona Torrida maximè sensibili; alter verò quo singulis diebus bis intumescunt bisque detumescunt versùs littora nostra : prior nullo peculiari nomine designatur & oritur à motu Terræ gyratorio circa suum axem quia partes aqueæ minus sibi

____

(1) La Mer *Baltique*, la Mer *Caspienne*, la Mer *Noire*, la Mer *Rouge*, &c., sont autant de Mers *Méditerranées*, parce qu'elles sont au milieu des terres ; cependant on donne ce nom particuliérement à cette partie de l'Océan qui entre dans les terres par le Détroit de Gibraltar.

cohærentes quàm partes terrenæ difficiliùs rotationi cedunt, & proindè reagunt in determinationem oppositam ; posterior vulgò sub nomine fluxûs & refluxûs cognoscitur cumque unum sit ex naturæ stupendis difficillimisque solutu phænomenis, (1) ex

---

(1) Quels efforts n'ont pas fait les anciens Philosophes pour en saisir la cause ! Et cependant quelles ridicules explications, n'ont-ils pas données !

Descartes n'à pas été plus heureux ; ce n'est pas qu'il n'ait vu l'influence singuliere de la Lune sur les eaux de la Mer : & comment ne pas la remarquer ? Les flux & reflux retardent de trois-quarts d'heure tous les jours comme la Lune ; ils augmentent ou diminuent, selon qu'elle est plus près ou plus loin de nous, selon qu'elle se trouve dans ses syfigies ou dans ses quadratures, &c. : en un mot, la connexion est intime entre la marche de cet Astre & le mouvement de la Mer : mais Descartes, conséquemment à son système de l'impulsion en tourbillons, supposoit que la Lune venant à presser la matiere du tourbillon terrestre, comprise entr'elle & les eaux de la Terre, comprimoit par là même la surface des eaux, & les forçoit de s'élever sur les côtés par leurs extrêmités : malheureusement cette explication est tout à fait contraire à l'expérience ; car il est constaté par les observations que les eaux s'élevent

ejus mira cum attractione concordia nova laus accedet fyftemati Newtonis ; fic igitur in eo fyftemate ratio redditur fluxûs & refluxûs.

PROPOSITIO.

Æftus Maris reciprocus oritur ab attractione Lunæ & Solis.

PROBATUR. Aquæ Maris fimul cum Terra in Lunam & Solem gravitant : atqui ex hac aquarum gravitatione, oriri debet aquarum altitudo in locis Lunæ & Soli fubjectis & in partibus globi terreftris oppofitis ; fed ut demonftratio facilior evadat , fe movemus ad inftans actionem Solis quia quod de Luna dictum fuerit , haud ægrè de Sole intelligetur (1).

____

fous la Zone Torride , & forment en-deffus & en-deffous dans les deux points du Globe diamétralement oppofés , deux monticules ou éminences , & cependant la *preffion* lunaire de Defcartes occafionneroit une excavation dans la partie fupérieure des eaux : c'eft à Newton qu'étoit réfervé la connoiffance de ce myftere.

(1) Quoique le Soleil & la Lune agiffent tous deux fur les eaux de la Mer, c'eft cependant la Lune qu'il faut regarder comme le principal agent; & Newton a calculé que

Supponamus ergo (Fig. 34) Lunam in puncto L Meridiani AB, Terræ centrum in puncto T, & Aquas CFOf (majoris claritatis cauſâ) totum Terræ globum circumcingentes. His poſitis aquæ C ſunt in conjunctione cum Luna , aquæ O ſunt in oppoſitione, & aquæ laterales F & f ſunt in quadraturis.

Porrò 1°. Luna plus attrahit aquas C quàm centrum Terræ T ; ergo eas quaſi divellit à centro Terræ ; ergo hoc ipſo leviores illas efficit ; pariter plus attrahit centrum T quàm aquas O ; ergo centrum quaſi divellit ab eis ; ergo eo ipſo leviores illas reddit ; en actio perpendicularis LCTO Lunæ.

2°. Verò Luna attrahit obliquè aquas F & f ; obliqua hæc actio in duos niſus decomponitur, in parallelum nempè & perpendicularem ; niſus parallelus aquis exhibetur per

---

quand les eaux montent de 12 pieds au milieu de l'Océan, le Soleil ne les a élevées qu'à 2 pieds & un quart, tandis que la Lune les a élevées à 9 pieds 3 quarts; ainſi l'action de la Lune eſt plus que quadruple de celle du Soleil: nous en verrons bientôt la raiſon.

R 3

lineam AF, & nifus perpendicularis aquis per lineam FT (idem de directione obliqua Lf) ; nifus parallelus neque nocet neque favet aquis ; fed nifus perpendicularis premit aquas versùs centrum T ; aquæ preffæ fugiunt ad eas partes ubi minor occurrit refiftentia ; minor eft refiftentia in punctis C & O, fi quidem ex suprà dictis leviores funt per attractionem perpendicularem aquæ fyfigiales C & O ; ergo confluere debent aquæ F & f versùs puncta C & O ; ergo ibi duplicem conflabunt monticulum ; ergo, &c. (1).

Phænomena Æftûs maritimi in tres claffes dividuntur, nempè in *diurna, menftrua & annua* ; ex admiffa superiùs demonftratione sponte suâ fluunt.

---

(1) Les eaux latérales F & f repréfentent celles de nos Ports: or, d'après ce que nous venons de dire, il eft évident qu'elles quitteront nos Ports & nos Côtes pour concourir aux deux éminences ; ce fera donc alors pour nous le temps du *reflux*; & quand elles reviendront après la dépreffion des monticules, nous aurons le *flux*; ainfi notre flux eft le *vrai reflux* de la *Mer*, & notre reflux eft fon véritable *flux*.

1°. *Phænomena diurna* : nam in
eo consistunt quod bis una quaque
die Mare intumescat & detumescat
per 6 horas ; & quod non in spatio
24 horarum præcisè , sed in spatio
24 horarum cum 48 minutis fiant
intumescentia & detumescentia , seu
Æstus tribus circiter horæ quadran-
tibus singulis diebus retardetur : atqui hæc facilè solvuntur ; nam (Fig.
35) si Luna supponatur in puncto
L, aquas C & O elevat , ex dictis ,
& adest fluxus ; si post 6 horas supponatur in M , aquas F & f quas
priùs depresserat attollet , & depri-
met aquas C & O priùs elevatas ; ergo aderit aquarum refluxus : iterùm
versatur-ne Luna in puncto N post 6
horas ? Attollet aquas O & C de-
primetque F & f; ergo fluxus erit ;
tandem si sit in puncto P adhuc post
6 horas, rursus aquas F & f attollet
depressis aquis C & O per actionem
suam obliquam; ergo iterùm refluxus,
cumque Terra per 24 horas circa
suum axem rotetur , prædictas partes
Lunæ obvertit , unde successivè iis
Luna imminere videtur : cum verò
propter eumdem Terræ motum Luna
singulis diebus $\frac{3}{4}$ horæ circiter tar-

diùs ad meridianum appareat ;
Æstus maris eâdem quantitate morari
debet (1).

---

(1) Le plus grand effort de la Lune sur
les eaux est lorsqu'elle arrive à la partie supérieure ou inférieure du Méridien ; mais
le mouvement de la Mer commence avant,
& ne parvient à son plus haut degré qu'a-
près, c'est la nature des fluides quand ils
sont agités.

Le flux & reflux que nous voyons dans
nos Ports, se nomme simplement la *Marée* ;
quand le flux finit, les eaux restent quelques
minutes dans un état de repos, c'est la
haute Mer ; & à la fin du reflux, elles sont
encore stationaires pendant quelques instants, c'est la *basse Mer* ; mais que pendant
6 heures elles montent ou redescendent,
ce n'est que par degrés & avec une agitation
réguliere des flots qui avancent ou reculent
peu à peu.

Quand on dit que c'est à l'attraction de la
Lune que l'on doit attribuer le flux & reflux, il faut bien prendre garde à la maniere
dont agit cette attraction. Si la Lune attiroit
également toutes les parties des eaux, elle
ne produiroit aucun effet ; mais elle attire
plus les unes qu'elle n'attire les autres, &
il y en a qu'elle comprime ; c'est cette inégalité d'attraction qui fait tout le fondement
de la preuve ; & c'est la raison pour laquelle
l'action du Soleil est si foible , quoiqu'il
soit beaucoup plus gros que la Lune : placé
à une si grande distance , il ne peut pas atti-

2°. *Phænomena menstrua* ea funt quæ fequuntur.

Majores funt Maris exundationes in *novi & pleniluniis* , quàm in quadraturis, qua de caufa ? Quia tunc Sol & Luna in eadem linea verfantes, fuas attractiones conjungunt ; hinc à fyfigiis ad quadraturas exundationes matutinæ fuperant vefpertinas; & à quadraturis ad fyfigias , vefpertinæ funt matutinis fortiores.

Majores funt exundationes cum Luna Perigæa eft , quàm cum Apogæa ; attractio enim fequitur rationem inverfam quadratæ diftantiæ.

Majores funt exundationes , quando Luna verfatur in Æquatore ; quia fub Æquatore leviores jam funt aquæ.

3°. *Phænomena annua* hæc funt. Maximæ funt exundationes cum ,

---

rer d'une maniere bien inégale les eaux C & O (Fig. 34), parce que le diametre de la Terre eft trop peu de chofe pour un fi grand intervalle ; il ne peut pas non plus comprimer les eaux F & f comme la Lune , parce qu'il n'a pas comme elle d'action oblique, autrement fes deux lignes d'attraction oblique peuvent être prifes pour deux lignes fenfiblement paralleles.

tempore Æquinoxiorum, Luna vel in conjunctione vel in oppositione reperitur; quia tunc Sol & Luna & in eadem linea & in Æquatore funt; hinc illa die fluxus matutini & vefpertini funt æquales.

Majores funt exundationes Hyeme quàm Æftate; Sol enim Hyeme Perigæus eft & Apogæus Æftate. Hinc in *novi* & *pleniluniis* Æftatis fluxus matutini vefpertinis minores funt. Hinc quoque Æftus maris paulò major effe debet diebus aliquot ante quàm poft Æquinoxium Vernale; & è contra paulò major aliquot diebus poft quàm ante Æquinoxium Autumnale. Longè plura de hacce quæftione dicenda occurrunt non utilia minùs quàm curiofitate digna; fed paffim in libris Gallicis colligi poffunt (1).

---

(1) Seulement je ferai obferver que l'action du Soleil & de la Lune ne s'exerce qu'entre les Tropiques, & que par conféquent nous n'avons en France dans nos Ports de l'Océan, que le flux & reflux par communication, c'eft-à-dire, l'effet du vrai flux & du vrai reflux qui fe font dans la Zone Torride; il s'enfuit encore, qu'en avançant vers le Nord, les marées diminuent (abftraction faite de l'inégalité des terrains); & au 65e. degré de latitude, elles ne font plus fenfibles.

Obj. 1°. Si tribuenda foret aquarum altitudo attractioni Solis & Lunæ, cum Terra figuram fpheroïda-
lem in aquis induat, aër utpote fluidum, eamdem deberet immutationem
pati : atqui hoc falfum eft ; fi enim
aër in prædictam formam abiret, columnas haberet alias aliis longiores
& obfervaretur variatio in barometris, quæ tamen locum non habet ;
ergo, &c.

℞. Reverà figuram eamdem quam
aquas fufcipere debet athmofphera,
feu fuum fluxum & refluxum habere ; at verò nulla debet effe variatio
in barometris quia cum fervetur æquilibrium columna longior minorem
gravitatem habet, & columna bre-
vior feu lateralis majorem preffionem ;
ergo accurata fit compenfatio.

Obj. 2°. Si Luna poffit ad tantam
altitudinem aquas attollere, cur non
lapides, cur non paleas in fuperficie
Terræ?

℞. Magnum difcrimen eft inter
molem folidam & molem fluidam ;
in mole folida locum non habet attractionis, vel preffionis inæqualitas
quæ locum habet refpectu molis

fluidæ ; hinc v. g. quantâcumque inæqualitate premere fupponerentur aëris columnæ in acervum arenæ, non tamen una potiùs quàm altera extremitas ejufdem acervi attollere- tur ; ergo , &c.

GEOLOGIA,
SIVE
DE QUALITATIBUS CORPORUM SENSIBILIBUS ET DE METEORIS.

QUALITATES corporum fensibiles funt, Lumen, Colores, Sonus, Sapor, Odores, Durities, Liquiditas, Elafticitas, &c., &c.

Meteora funt varia phænomena quæ in athmofphera terreftri contingunt.

DE QUALITATIBUS SENSIBILIBUS.

DE LUMINE.

LUMEN ex parte animæ est ea sensatio quam experimur ad aspectum corporis *lucidi* ; ex parte corporis nihil est aliud quàm dispositio molecularum apta ad excitandam in nobis prædictam sensationem ; est ergo materia in motu posita ; verùm de natura hujus materiæ & de ipsius motu varia excogitata sunt systemata ; Gassendi lumen comparari voluit cum particulis quas è suo sinu emittunt corpora odorifera , ut thus ; Carthesius asseruit lumen esse materiam globulosam , seu *secundum elementum* sui systematis , illamque non è sinu Solis , sed pressam à Sole ad nostros oculos pervenire, non secùs ac baculus unâ extremitate compulsus alterâ objectum obvium premit ; hæc opinio Carthesii à DD. Rohault , le Monnier & Nollet cum quibusdam modificationibus propugnata fuit ; D. Huyghens arbitratus est lumen esse quidem fluidum , ut censuit Carthesius, sed ad nos usque illud propagari per Ætheris undulationes & Privatum de Molieres acrem habuit asseclam; Newto verò cum Gassendi, affirmat lumen consistere in effluvio, seu in emissione tenuissimarum particularum quas Sol (idem de Stellis fixis) violentissimo ebullitionis & effervescentiæ motu agitatus ad nos usque jaculatur in linea recta.

PROPOSITIO.

Admitti potest sententia Newtonis.

PROBATUR. Illa ex huc usque cognitis opinionibus admittenda est in qua nihil Physicæ contrarium est, & in qua solâ explicari potest propagatio luminis: atqui in sententia Newtonis de lumine, &c.

1°. Nihil in ea occurrit contrarium Physicæ legibus; possibilis est enim motus ebullitionis quem supponit; ergo, &c.

2°. In ea solâ, &c.; nam experientiis millies iteratis constat lumen ad nos pervenire, *successivè* & in *li-*

nea recta (1) : atqui hæc duo in folâ
&c. Nam feligendum eft inter Newtonem , Carthefium & Huyghens ;
jam verò fi fides Carthefio , lumen
eft fluidum diftinctum à Sole & pulfum ad nos haud aliter ac baculus ;
ergo ipfius motus , fit in linea recta ;
fed quoque in inftanti & non *fucceffivè* :
fi fides D. Huyghens , lumen eft pariter fluidum à Sole diverfum & in
undulationes propulfum , ut aqua la-
pide agitata ; ergo ipfius motus *fucceffivè* fiet , fed non in *linea recta* ,
è contra in omnem fenfum ; ergo ,
&c.

---

(1) La propagation de la lumiere eft
fucceffive ; comment le prouver ? D'une
maniere bien fimple. De l'apogée de Jupiter à fon périgée, il y a 66 millions de lieues;
or , quand Jupiter périgée éclipfe fon premier Satellite, nous recevons la lumiere de
l'émerfion 14 minutes plutôt , & 14 minutes plus tard fi ce Satellite eft éclipfé par
Jupiter Apogée : donc la lumiere met 14
minutes à parcourir 66 millions de lieues ,
& par là même elle vient du Soleil à nous
en 7 minutes à peu près : cette vîteffe ,
quoique fucceffive , eft néanmoins prodigieufe & infiniment plus grande que celle
du fon , comme nous le verrons. On a cal-

Obj.

Obj. 1°. Si lumen confifteret in emiffione particularum Solis, materia folaris poft plura fæcula minui deberet, quinimò jam nunc exhauriri : atqui tamen, &c. ; ergo, &c.

Nego maj. Nam 1°. fubftantia folaris eft propè infinita refpectu particularum luminis quarum tanta tenuitas eft (ex calculis), ut totæ ad ultimas anguftias redactæ, vix punctum in fpatio conficerent (1) ; 2°. Sol particulas luminis vibrat vel in corpora opaca, quales funt Planetæ & Cometæ ; vel in corpora ex fe lucida, quales funt Stellæ fixæ, jam verò lumen à Planetis & Cometis poft varias reflexiones in Solem neverti-

____

culé encore qu'un boulet de canon n'iroit de nous au Soleil, en confervant toujours fon mouvement, qu'en 25 ans.

Ce qui démontre que la lumiere vient en *ligne droite*, c'eft que fi l'on fait deux petits trous à une chambre obfcure, l'un à la porte, & l'autre à une fenêtre oppofée, le rayon traverfera la chambre fans l'éclairer.

(1) Une chandelle allumée envoie, pendant une feconde, dit Niewentit, des particules de lumiere mille millions de fois plus que la Terre ne contient de grains de fable ; & d'ailleurs n'avons-nous pas vu jufqu'à quel point la matiere eft divifible ?

II. Partie. S.

tur , faltem maximâ parte ; & Stellæ fixæ , fi quid à Sole accipiant ,
Soli plus forfan reddunt ; ergo , &c.

Obj. 2°. Pofitâ Newtonis attractione , impoffibilis eft luminis emiffio ;
nam maffa Solis infinita eft refpectu
particularum luminis , & ipfarum
diftantia eft infinitè parva ; ergo cum
attractio fequatur rationem directam
molium & inverfam quadratæ diftantiæ , infinita effe debet in Sole ac
proindè impedire luminis emiffio-
nem.

℞. Si attractio quam maffà Solis
exercet in particulas luminis fit quafi
infinitè magna refpectu molis folaris , eft quoque infinitè parva refpectu molis particularum ; aliundè
fupponitur motus ebullitionis ftupen-
dus ; ergo , &c. (1).

---

(1) La fcience qui a pour objet la lumiere , fe nomme *Optique* : tant que l'Optique
confidere la lumiere directe , elle s'appelle
Optique proprement dite ; fi elle s'occupe
de la lumiere réfractée , c'eft la *Dioptrique* ;
& fi elle examine la réflexion de la lumiere ,
elle prend le nom de *Catoptrique* : le mé-
chanifme de l'œil & la maniere dont nous
voyons les objets , appartiennent à l'Optique
proprement dite : la maniere dont la lumiere fe réfléchit fur les *Miroirs* plans ,

DE COLORIBUS.

Ex fystemate Newtonis circa luminis propagationem fluit genuina colorum explicatio, longè profectò alia
ab ea quam tradiderat Carthefius ;

---

concaves & convexes, eft l'objet de la Catoptrique ; & la maniere dont les rayons
fe réfrangent en travetfant les *Verres* plans,
concaves & convexes, eft du reffort de la
dioptrique : la lumiere eft très-élaftique ,
& forme d'une maniere plus parfaite que
les autres corps un angle de réflexion égal
à l'angle d'incidence. Nous avions annoncé
qu'elle fuivoit dans fa réfraction des loix
contraires à celles des folides , en voici
maintenant la raifon. Si un rayon de lumiere paffe obliquement d'un milieu plus
rare dans un milieu plus denfe, il s'appro-
che de la perpendiculaire , parce qu'il eft
plus attiré par le milieu plus denfe ; s'il
fortoit de ce dernier pour entrer dans l'autre, l'attraction l'y rameneroit , & le force-
roit conféquemment de s'écarter de la perpendiculaire. (Rappellez-vous l'Article Réfraction dans la Phyfique générale).

Je voudrois bien qu'il me fût permis de
fuivre les divifions que je viens d'énoncer , & d'offrir à la curiofité du Lecteur
tous les problêmes intéreffants qu'elles ren-
ferment ; mais, encore une fois , ne paffons
pas les bornes de l'Abrégé.

S 2

hic nempè colorum diverfitatem à
majori vel minori radiorum copia ,
& ab eorum majori vel minori vi-
bratione repetebat ; ifte verò tenta-
tis iterùm iterùmque experimentis
detexit lumen effe corpus heteroge-
neum, id eft , radiis inter fe diffimi-
libus commixtum; afferere ergo non
dubitavit feptem effe radios folares
quibus proprii funt colores feptem
quos *primitivos* vocamus , fcilicet ,
ruber , le rouge ; *aureus* , l'orangé ;
flavus , le jaune ; *viridis* , le verd ;
cœruleus , le bleu ; *indicus* , l'indigo
ou le pourpre ; & *violaceus* , le
violet.

Radii qui feptem iftos colores pro-
ducunt dicuntur *fimplices* , quia quæcunque factæ fuerint tum à Newtone,
tum à præftantiffimis poft ipfum Phyficis , ope prifmatum refringentium
decompofitiones , in alios nunquam
refolvi potuerunt , ut fafciculus luminis in quo continentur , in eos refol-
vitur.

Radii *compofiti* feu *derivati* , funt
illi qui ex radiis fimplicibus & primi-
tivis componuntur , diverfofque pro-
ducunt colores prout pluribus pau-
cioribufve radiis fimplicibus conftant.

Septem radii primitivi variè sunt reflexibiles varièque refrangibiles ; porrò diversitas refrangibilitatis oritur ex eorum molis inæqualitate , habent enim omnes eamdem velocitatem ; hinc radius *ruber* , utpote cæteris mole major minus refrangitur & proindè minus devians à linea perpendiculari , cum ex vitreis prismatibus egreditur , locum infimum occupat in charta supra quam excipitur ; è contra radius *violaceus* cæteris magis refrangitur & locum altiorem in charta occupat , propter minorem suam massam ; alii plus minusve refranguntur prout ad *rubrum* , vel ad *violaceum* mole accedunt (1).

---

(1) Nous venons de dire que l'attraction étoit la cause de la réfraction des rayons de lumiere ; or , puisque l'attraction suit la raison des masses , le rayon *rouge* , comme plus massif, ne doit-il pas être plus réfrangible ? Pourquoi donc l'est-il moins que les autres ?

Il est aisé de répondre à cette contradiction apparente , en faisant remarquer que le rayon *rouge* joignant plus de masse à une vîtesse égale, (il met comme les autres 7 minutes à venir du Soleil), a par là même plus de *force* que les autres ; or , cet excès de force est plus sensible que la différence d'attraction ; donc , &c.

Diverfitas autem reflexibilitatis aliundè non poteft oriri quàm ex varia molis radiorum figura ; hinc cum radius *violaceus* cæteris magis fit reflexibilis, radius verò *ruber* cæteris minùs, concludendum eft moleculas radii violacei magis fphericas, magifque politas effe quàm in *rubro*. Commixtio radiorum omnium producit *albedinem* quæ proindè color non eft ; abfentia colorum *nigredinem* relinquit.

Hinc corpus eft *album* quando radios omnes luminis ulla fine decompofitione reflectit ; *nigrum* quando radium nullum reflectit ; *rubrum*, fi ex feptem radiis unicum nempè *rubrum* reflectat, &c. (1).

---

(1) Nous ne voyons point dans la Nature de corps parfaitement rouge, parfaitement jaune, &c. : auffi Newton affure-t-il, *dans le Livre premier de fon Optique*, que les corps ne font de telle ou telle couleur, que parce qu'ils réfléchiffent telle ou telle efpece de rayon plus abondamment que telle ou telle autre.

C'eft ici le lieu de dire un mot de l'Arc-en-ciel ; l'explication d'ailleurs en eft fort aifée. On fait que quand une épaiffe nuée fe réfolvant en pluie eft expofée aux rayons du Soleil, & que nos yeux fe trouvent en-

Scientia sonorum dicitur *acoustica*;

tre l'astre & le nuage, on apperçoit un arc lumineux, composé des 7 couleurs primitives, parmi lesquelles on distingue sur-tout le *rouge*, le *jaune* & le *verd*; souvent même on voit deux Arcs, l'un intérieur & plus petit, mais dont les couleurs sont plus vives; l'autre extérieur, plus grand & plus foible: dans le premier, la premiere bande en descendant est *rouge*, la seconde *orangée*, & la derniere *violette*; dans le second, c'est un ordre contraire de couleurs; or, voici par quel méchanisme se peignent sur le nuage les 7 rayons primitifs: les gouttes d'eau sont autant de prismes qui décomposent la lumiere, & lui font éprouver différentes réfractions avec différentes réflexions. Supposons donc (Fig. 36) l'œil du Spectateur au point O, un rayon solaire SF qui entre par la partie supérieure F de la goutte d'eau FCD, un autre rayon SB qui entre par la partie supérieure B de la goutte BAE; cela posé, le rayon SF se réfrangera en F, viendra au point C, en sera réfléchi par des parties solides, & sortira par le point D avec réfraction; le rayon SB entrera, sera réfléchi, & sortira de la même maniere: or, ce sera au point D que sera vu le rayon *rouge*, & la conleur violette paroîtra au point E. Que l'on suppose les mêmes passages des rayons à travers cinq gouttes in-

fonus autem confiderari poteft vel
quoad fuam naturam fuaque Phyfica
phænomena vel quoad voluptatem
quâ titillat aures : hoc fub fecundo
refpeĉu fcientia fonorum *Mufica* vocatur ; hinc foni in fe fpeĉati & ulla
fine comparatione cum fonis aliis
funt objeĉum *acouffica* & vocantur
foni *abfoluti.* Soni verò alii cum aliis
collati , dicuntur *foni relativi* & ad
muficam pertinent.

Iterùm fonus fpeĉari poteft vel ex
parte corporis fonori , vel ex parte

---

termédiaires , on aura les cinq autres couleurs , & l'Arc-en-ciel intérieur.

Maintenant un rayon folaire SR entre-
t-il par la partie inférieure R de la goutte
d'eau RMNH , il fe réfraĉe en R , fe réfléchit du point M au point N , & du point
N au point H , par lequel il fort en fe
réfraĉant , & parvient à l'œil O : un fecond
rayon SG fait la même chofe dans la goutte
IGKM , & la couleur *violette* fe peint en H ,
tandis que le *rouge* occupe la bande inférieure en I : voilà ce qui produit l'Iris fupérieure , (la même graduation pour les
cinq autres couleurs), Il eft donc clair
que c'eft par *deux* réfraĉions & *une* réflexion que fe fait le premier Arc-en-ciel ,
& le fecond par *deux* réfraĉions & *deux*
réflexions.

medii   D

medii, seu vehiculi quo ad nos usque transmittitur.

PROPOSITIO I.

Sonus ex parte corporis sonori, consistit in motu tremulo & vibratorio partium insensibilium illius corporis.

PROBATUR. In eo reponendus est sonus ex parte corporis sonori, quod reperitur in omnibus corporibus sonoris dum edunt sonum; atqui, &c. nam dum campana v. g. resonat, si manus admoveatur, sensibiliter percipitur motus ille tremulus & reciprocus; & frustrà tota campanæ moles agitaretur, si malleo non percuteretur, nullus audiretur sonus; partes tamen exteriores & sensibiles in motu essent : pariter si brachia forcipis (*une pincette*) stringantur manu & postea deserantur, nullum sonum reddent, quamvis oscillentur partes eorum sensibiles ; at verò sonus auditur, si ferrum forcipis alio ferro percutiatur ; ergo in motu tremulo partium *insensibilium*

II. Partie. T

reponendus eft fonus : idem etiam probari poffet ex vibrationibus chordæ inftrumenti mufici, &c., &c.; ergo., &c.

PROPOSITIO II.

Sonus ex parte medii quo ad nos ufque pervenit, confiftit in motu tremulo & reciproco aëris.

PROBATUR. Res ita eft fi aër fit medium unicum quo fonus transferri poffit, & fi accipiat à corpore fonoro motum tremulum & vibratorium : atqui hæc duo certa funt.

1°. Aër unicum eft, &c., nam quo magis imminuitur aër in Machina Pneumatica, eo magis debilitatur fonus, & aëre, quantùm fieri poteft, extracto, nullus auditur fonus; ergo 1°. &c. hinc fonus non propagatur ut lumen & odor per emilliones.

2°. Aër accipit à corpore fonoro &c. ; nam aër elafticus eft & immediatè ambit corpus fonorum; atqui non poteft elafticus effe & circumcingere corpus fonorum, quin eodem quo corpus motu agitetur ; ergo 2°. &c. Hinc motus partium *in-*

fenfibilium corporis feu fonus , communicatur à moleculis aëris in alias & per elaterium propagatur , non fecùs ac motus à primo globulo ad ultimum in ferie globulorum elafticorum recta ; non tamen concludendum eft fonum in infinitum extendi debere ; multa enim aëri mifcentur corpora mollia , v. g. vapores & exhalationes quibus motus tremulus & reciprocus communicari nequit ; ergo , &c. (1).

---

(1) Pourquoi , puifque nous avons deux oreilles , n'entendons-nous pas deux fois le même fon ? On peut répondre qu'il en eft de l'ouie comme de la vue , & qu'il fe trouve pour les nerfs *auditifs* , comme pour le nerf *optique* , des fibres fympathiques ou homologues qui , partant du même point du cerveau , réuniffent les deux impreffions en une feule , & ne font voir ou entendre qu'un feul objet.

Le fon fe réfléchit comme la lumiére & les autres corps , en faifant un angle de réflexion égal à l'angle d'incidence ; c'eft à cette réflexion qu'eft due la force des porte-voix , ou *cornets acouftiques* ; c'eft encore elle qui fait parler les *échos*.

Tout ce qui réfléchit le fon peut être la caufe d'un écho ; ainfi les murailles , les vieux remparts , les bois épais , les mai-

DE SAPORIBUS.

Sapor ex parte animæ est sensatio,

---

sons, les montagnes, les rocs caverneux, &c. &c., sont autant de plans réfléchissants & autant d'échos : les surfaces *plancs* renvoient le son avec sa force primitive, excepté la diminution que doit causer la distance ; les surfaces *convexes* le renvoient moins promptement & moins fortement ; les surfaces *concaves* le rendent plus vigoureux & plus éclatant ; c'est comme pour la lumiere, parce que les rayons sonores, aussi-bien que les rayons lumineux sont rendus paralleles sur les obstacles *plans*, divergents sur les obstacles *convexcs*, & convergents sur les obstacles *concaves*.

L'écho se distingue en *simple* & *polyphone* : si le son direct n'est répété qu'une fois, l'écho est simple ; il est polyphone si le son est répété plusieurs fois. Un des plus fameux échos simples & syllabiques, est le Parc de Woodstock en Angleterre, qui répete dix-sept syllabes le jour, & vingt la nuit ; & un des plus fameux échos polyphones, est celui du Pont du Drac près de Grenoble ; il répete jusqu'à douze fois un mot de deux syllabes : on voit aisément que les échos polyphones ne sont qu'un assemblage d'échos simples placés à différentes distances.

Le son parcourt 173 toises en une seconde, (c'est-à-dire, 1,038 pieds, conséquemment 62,280 en une minute, & 145,320

& ex parte corporis sapidi reponi potest in mechanica molecularum dispositione, mutatis enim corporum molecularum figurâ & situ, mutatur sapor; sic v. g. carnes coctæ alium saporem excitant quàm crudæ; fructus maturi alium quàm ante maturitatem, &c.; ergo, &c.

Sapores septem præcipui distinguntur *dulce*, *amarum*, *acre*, *asperum*, *acutum*, *pingue* & *salsum*; Gallicè, le *doux*, l'*amer*, l'*acre*, l'*âpre*, l'*aigre*, le *gras* & le *salé*; hi sapores primitivi, si alii cum aliis combinentur, innumeram generare possunt saporum derivatorum familiam.

---

en 14 minutes : si on se rappelle que la lumiere dans ce même temps fait 66,000,000 de lieues, on peut juger de sa vîtesse) : or le violon le plus rapide ne peut faire en une seconde, dans le *prestissimo*, que dix tons distincts, & c'est tout au plus si nous pouvons prononcer dix syllabes; par conséquent, si l'écho est éloigné d'à peu près 86 toises, ou 516 pieds, le temps qui se passe entre le premier son & le son réfléchi, est d'une seconde, & l'écho ne rendra qu'une syllabe : on peut continuer le calcul tant qu'on voudra, & composer soi-même des échos simples & polyphones.

DE ODORIBUS.

Odor non secùs ac sapor, est animæ sensatio & consistit ex parte corporis in effluvio quodam substantiali molecularum sulphurearum & salinarum corporis odoriferi : 1°. Illum in effluvio substantiali consistere, extrà dubium est ; corpora enim odorifera nullam in nobis excitare possunt sensationem, quin conjungantur cum olfactûs organo ; jam verò cum olfactûs organo conjungi nequeunt nisi in illud agant per substantiale quoddam effluvium ; 2°. effluvium istud partibus sulphureis & salinis constat ; certum est enim corpora esse magis odorifera prout sulphure & sale magis abundant.

Verùm cum corpora odorifera sint motui vel quieti omninò indifferentia, requiruntur calor & fermentatio quorum virtute divellantur particulæ tenuiores & in aëra spargantur.

DE CALORE ET FRIGORE.

Calor & frigus duæ funt animæ fenfationes & ex parte corporis confiftunt in motu vel quiete particularum ignearum : nam in omnibus corporibus reperiuntur igneæ moleculæ ; porrò fi agitentur illæ partes , expanduntur & corpora calefcunt ; hinc lapis calybe concuffus ignem promit ; hinc polus rotæ perniciffimè gyrantis maximum calorem concipit ; hinc, &c. &c. : fi verò igneæ partes aut abfint aut quiefcant , corpora frigefcunt ; fi nulla remaneat in corpore particula ignea , frigus dicitur *abfolutum* ; frigus autem *relativum* eft notabilis diminutio caloris ; aqua non convertitur in glaciem , nifi quia diffipatâ parte maximâ molecularum ignearum quæ in ea continentur, motus reliquarum imminuitur & languefcit.

DE CORPORUM· DURITIE , MOLLITIE , LIQUIDITATE ET ELASTICITATE.

Durities corporum eſt qualitas quâ corpora tactui reſiſtunt & illorum partes à ſe invicem ægrè & difficilè ſeparantur. Ipſius cauſa repeti poteſt à partium inſenſibilium figura cohæſioni aptiſſima & à preſſione fluidi ambientis.

Mollities id commune cum duritie habet quòd partes inſenſibiles corporum mollium cohæreant invicem propter figuram , & id peculiare , quòd introductâ intra earum moleculas materiâ quâdam ſubtili , faciliùs ſeparentur.

Elaſticitas ſupponit in corporibus particulas flexibiles ſimul & rigidas; flexibiles ? ut poſſint comprimi ; rigidas ? ut ſe reſtituere valeant ; ſupponit etiam poros ita diſpoſitos & apertos ut materia ſubtilis in eos agere poſſit.

Liquiditas duritiei opponitur & locum habere non poteſt in corporibus , niſi moleculæ tenues ſint & ſphæricæ cum motu in omnem ſen-

fum à materia ignea quæ viget in corporibus accepto ; tenues ? quia
motui cedunt faciliùs ; fphericæ :
quia minus cohærent, motæ in omnem fenfum per materiam igneam ?
fic hujus agitationis defectu in glaciem folidam vertitur aqua.

DE METEORIS.

Meteora dicuntur phænomena quædam quibus in athmofphera noftra locus eft & in tres claffes à Phyficis dividuntur, nempè in Meteora *ignea*, in Meteora *aëria*, & in Meteora *aquea*; de his pauca fubjicimus & Gallicè, vocum Technycarum causâ; itaque.

MÉTÉORES IGNÉES.

Le Tonnerre & les Eclairs, les Feux-follets & le Feu Saint-Elme, avec les Trombes de Mer.

Nous diftinguons deux fortes de feu, le feu *mixte* ou *ufuel*, & le feu *élémentaire*; le feu mixte n'eft autre chofe que le feu élémentaire nourri d'une infinité de particules inflammables de foufre, de bitume, &c., auxquelles il communique un mouvement violent en tout fens; le feu élémentaire eft un fluide répandu dans toute la nature; il en eft l'agent univerfel , & pour ainfi dire l'*ame* ; & l'on peut affurer que s'il n'eft pas le fluide *électrique* , il a au moins avec lui une étonnante analogie.

Quoi qu'il en foit , on ne peut difconvenir que le fluide éléctrique ne foit un vrai feu , & ce feu électrique eft répandu dans toute l'athmofphere terreftre : fi donc il trouve des parties combuftibles bien combinées entr'elles , il s'y attache , les agite , & les met dans une fermentation d'où réfulte de la flamme , des explofions & tous les effets analogues. Or, il s'éleve du fein de la Terre une prodigieufe quantité d'exhalaifons fulfureufes , bitumineufes, nitreufes , falines , &c. , &c. ; toutes ces molécules font autant d'aliments pour le feu éléctrique , & voilà ce qui produit les Météores ignées que nous venons d'annoncer.

Le Tonnerre fe forme dans le fein des nuages qui contiennent beaucoup d'exhalaifons ; ces nuages font-ils pouffés les uns contre les autres par des vents oppofés ? Ils s'éléctrifent ; & leur choc avec d'autres nuages non *électriques* produit de la lumiere & une explofion, ou de la lumiere fans explofion , ou une explofion fans lumiere : la lumiere eft *l'éclair* , & l'explofion eft le coup de Tonnerre. Nous avons l'éclair & le bruit, lorfque le choc des nuages eft affez fort pour les rompre & diffoudre l'amalgame des exhalaifons ; il y a éclair fans bruit quand le choc eft trop foible pour qu'il y ait rupture ; & le Tonnerre gronde fans éclair , fi le nuage qui porte la foudre nous eft caché par un autre nuage plus près de nos yeux.

On peut conclure du calcul que nous avons fait fur la différence de vîteffe pour le fon & la lumiere , que fi l'on compte une feconde ou un battement de pouls entre l'éclair & le bruit , le nuage électrique eft à 1038 pieds ; fi l'on en compte deux', le nuage eft à 2076 pieds , &c. ; il eft vrai que pour bien des perfonnes, le pouls n'eft pas alors une mefure fort exacte.

Le fon des cloches , les coups de canon , en général toutes les grandes agitations de l'air peuvent détourner le nuage où eft renfermé le Tonnerre ; mais il ne faut pas qu'il foit perpendiculaire ; c'eft même dans ce cas le moyen fûr de faire tomber la foudre, parce qu'en divifant l'air on lui ouvre un paflage.

Nous ne dirons rien des différents effets du Tonnerre ; on les connoît ; ils dépendent de la combinaifon des matieres, dont l'amalgame fait le Tonnerre ; mais cette combinaifon eft encore inconnue, & il eft à préfumer qu'elle le fera long-temps.

Les Feux-follets font de légeres exhalaifons que le moindre vent peut enflammer, & qui femblent jouer fur la furface de la Terre : c'eft fur-tout dans les Cimetieres, aux bords des marais, & dans tous les endroits abondants en foufre & en bitume que l'on voit voltiger ces fortes de feux : fi l'on avance, ils reculent ; & fi l'on fuit, ils accourent, parce qu'ils fuivent la direction que l'on donne à l'air (1).

Le Feu S. Elme eft une exhalaifon

______

(1) Que d'événements fâcheux n'ont-ils pas produits dans certaines campagnes, par la peur qu'ils ont fouvent occafionnée ! Combien de fois dans les Cimetieres, paroiffant prendre la forme du corps qui fe diffout dans la tombe, n'ont-ils pas allumé l'imagination des perfonnes que faififfoit leur afpect, rappellé à leur efprit l'idée puérile des *Revenants*, & attaqué leurs nerfs par les convulfions de la frayeur !

vifqueufe qui s'enflamme dans l'air à une certaine hauteur , & qui paroît glifler comme une Etoile.

La Trombe de Mer, nommée *Typhon* , eft une colonne de feu qui s'éleve de deffus la furface de la Mer , & refte dans la même place ; elle vient fûrement des feux fouterrains , car la Mer eft alors dans une grande ébullition , & l'air eft rempli d'exhalaifons fulfureufes.

On peut rapporter la caufe des tremblements de Terre & des Volcans à celle du Tonnerre ; les feux fouterrains font alimentés par toutes les matieres combuftibles qui font renfermées dans les entrailles de la Terre, l'inflammation produit l'explofion, & l'explofion eft fuivie de fecouffes plus ou moins grandes fuivant la pofition & la grandeur du foyer.

L'Aurore boréale & la lumiere zodiacale, c'eft-à-dire les jets & les agitations de lumiere que l'on voit dans certains temps au Nord & au Zodiaque avec plus ou moins de force & plus ou moins d'étendue , font des phénomenes aftronomiques, & non des météores : leur caufe, dit M. de Mairan, eft la chûte de quelques portions de l'athmofphere folaire dans celle de la Terre, d'où réfultent une inflammation & des vibrations de lumiere fous différentes formes.

MÉTÉORES AERIENS.

Les Vents.

Le Vent eft un agitation fenfible dans l'air, par laquelle une quantité confidérable de ce fluide eft pouffée d'un lieu dans un autre. Quoiqu'il y ait autant de vents différents qu'il y a de différents points dans l'horifon, cependant on les a claffés d'abord en quatre principaux qui viennent des points cardinaux, l'*Eft* & l'*Oueft*, le *Nord* & le *Sud*; enfuite en vingt-huit autres, qui font autant de divifions intermédiaires de l'*Eft* au *Nord*, du *Nord* à l'*Oueft*, de l'*Oueft* au *Sud*, & du *Sud* à l'*Oueft*; & felon qu'ils approchent plus ou moins de ces quatre points, on les nomme Nord quart de Nord-Oueft, Nord-Nord-Oueft, Nord-Oueft quart de Nord, &c.: cette Table des Vents eft appellée par les Marins la *Rofe* des Vents.

On divife encore les Vents en *per-*

manents , réglés , variables , géné-
raux & particuliers.

Les Vents permanents font ceux qui foufflent toujours d'un même côté ; il y en a un très-remarquable entre les tropiques , qui fouffle continuellement d'Orient en Occident ; on l'appelle Vent *Alifé.*

Les Vents réglés font ceux qui viennent réguliérement en certains temps ; tels font ceux de Terre & de Mer , qui foufflent de la Terre à la Mer fur le foir , & de la Mer à la Terre le matin ; tels font encore les Vents alifés changeants & particuliers, nommés *Mouffons* , qui font *Sud-Eſt* depuis Octobre juſqu'en Mai , & *Nord-Oueſt* depuis Mai juſqu'en Octobre , entre la côte de Zanguebar , & l'iſle de Madagaſcar.

Les vents variables font ceux qui foufflent tantôt d'un côté , tantôt d'un autre.

Les vents généraux font ceux qui , durant la plus grande partie de l'année , regnent pendant le même temps & du même côté fur une partie confidérable de la Terre ; il n'y a de tels que les vents généraux alifés qui font interrompus dans les Terres par les
montagnes ,

montagnes, dans les Mers auprès des côtes par les vapeurs & les vents particuliers, & même en pleine Mer par les nuages : on voit ce que peuvent être des vents *particuliers* ; il y en a encore qui ne foufflent que dans certaines Provinces, & qu'on peut par là même appeller *provinciaux*.

Les vents en général ne viennent que du défaut d'équilibre dans l'air. Mais quelles font les vraies caufes de ce défaut d'équilibre ? Ce fera long-temps un problême de Phyfique : cependant, autant qu'il eft poffible, on réunit les conjectures, & l'on affigne un grand nombre de caufes vrai-femblables ; les voici.

1°. La raréfaction de l'air occafionnée par l'action du Soleil fur différentes parties de l'athmofphere terreftre, parce qu'en l'échauffant plus dans un endroit que dans l'autre, il la dilate, & lui fait occuper un plus grand efpace d'un côté, tandis que de l'autre elle eft comprimée & refferrée, ce qui doit produire une reftitution ou reflux de l'air, c'eft-à-dire du vent.

2°. La fonte des neiges & le flux & reflux de la Mer, parce qu'il en ré-

II. Partie. V

fulte des vapeurs qui s'accumulent &
troublent l'air.

3°. Les nuages & les vapeurs, parce
que les uns par leur preffion , les
autres par leur agitation , occafion-
nent des dérangements dans l'athmofphere.

4°. Les montagnes, les forêts, les
villes, en général tous les gros objets ;
ce font autant d'obftacles qui chan-
gent la direction de l'air, & donnent
lieu à des vents contraires.

5°. Les ouragans , les gouffres , les
trombes , les tremblements de terre &
les volcans ; il eft aifé de voir combien ils doivent influer dans la varia-
tion des vents.

6°. Le mouvement diurne de la
Terre , qui contribue à la raréfaction
de l'athmofphere ; d'autres ont encore recours à la refpiration des ar-
bres & des plantes , à la diffolution
des feuilles & autres mixtes, &c.

Les vents fe chargent des différentes particules ignées , aqueufes , nitreufes, fulfureufes , &c. des pays
qu'ils traverfent ; de là leurs diverfes
qualités & leurs divers effets. Les vents
qui viennent de la Mer font toujours
humides , froids en Eté, & chauds en

Hiver : les vents du Midi font ordinairement chauds pour les habitants du Nord , & les vents du Nord chauds pour les habitants du Midi , parce que les uns & les autres traverfent la Zone Torride : le vent du Nord eft froid pour nous , parce qu'il ne nous apporte que des particules de nitre & de glace ; auffi le nommons-nous vent de *bife*. En Eté , dans l'*Egypte*, dans la *Perfe* & dans l'*Arabie*, il s'éleve des vents fuffocants & mortels qui , comme des tourbillons de vapeurs enflammées , enveloppent & tuent les voyageurs.

MÉTÉORES AQUEUX.

Les vapeurs , les nuages , la neige , la pluie , la grêle , la trombe de terre , la rofée & le ferein.

L'action du Soleil jointe à celle des feux fouterrains , fépare de l'eau les particules les plus déliées ; ces petites maffes , plus légeres qu'un pareil volume d'air , s'élevent dans l'athmofphere , & vont fe réunir dans une région où elles fe mettent en équilibre avec un air plus fubtil que celui que nous refpirons : ces particules d'eau ne font pas feules ; mais elles joignent encore beaucoup de molécules terreftres.

Les vapeurs font l'affemblage de toutes les molécules aqueufes.

Les nuages font la réunion des molécules aqueufes & terreftres.

Si toutes les parties qui compofent les nuages font condenfées par le froid, ou rapprochées les unes des autres par des vents contraires, les nuages, devenus plus pefants qu'un pareil volume d'air, rompent l'équilibre & tombent fur la Terre tantôt en pluie, tantôt en neige, tantôt en grêle, & quelquefois en trombe ; ils fe réfolvent en pluie lorfque leurs molécules ne font pas gelées ; en neige, lorfque la congelation les faifit avant qu'elles aient pu fe réunir en gouttes ; en grêle, lorfqu'elles fe glacent après avoir été formées en gouttes.

Dans l'Eté les nuages s'élevent très-haut ; voilà pourquoi les gouttes de pluie font plus groffes ; elles ont le temps de fe réunir ; la grêle eft auffi plus groffe & plus fréquente en Eté qu'en Hiver par la même raifon.

La trombe est une espece de nuage fort épais, resserré en un petit espace par des vents qui, soufflant en même temps de plusieurs côtés, lui donnent la forme d'un tourbillon cylindrique, & la font tomber en l'allongeant ainsi jusqu'à terre. La quantité d'eau qu'il répand est si grande & sa chûte est si précipitée, que s'il tomboit à plomb sur un vaisseau, il l'écraseroit & le submergeroit; aussi tâche-t-on de l'écarter à coups de canon, comme on fait pour le tonnerre; au moins si on ne l'éloigne pas, on le divise.

La rosée est une vapeur fine qui, élevée le jour par l'action du Soleil, retombe la nuit & va se rassembler en forme de gouttes sur les herbes, les feuilles & les plantes; ou pour mieux dire, il y en a une qui s'éleve & l'autre qui tombe; car quelquefois le dessous des feuilles d'un arbre est mouillé, tandis que la partie supérieure est seche; & d'autres fois le dessus est humide, & le dessous fort sec: c'est ainsi qu'il faut expliquer l'objection tirée d'un *plat d'argent* que l'on avoit exposé à la rosée, & dont on ne trouva que l'extérieur mouillé.

Le serein est la chûte des particules terreftres qui , après avoir été élevées & divifées par la chaleur , font condenfées par le froid , & retombent quelque temps après le coucher du Soleil : il y a des pays où le ferein eft fort dangereux à caufe des particules nuifibles dont il eft compofé; la rofée n'étant que de l'eau , n'a pas le même inconvénient.

DES TUBES CAPILLAIRES.

Les tubes capillaires font des petits tuyaux les plus étroits que puiffent faire les ouvriers , & non pas des tubes dont le diametre n'excede point la groffeur d'un cheveu ; leur plus petit diametre eft la moitié, le tiers ou le quart d'une ligne : on voit cependant que cette petiteffe a pu les faire appeller capillaires.

L'eau , quand elle monte dans ces petits tuyaux, ne fuit point , comme nous l'avons déja obfervé , les loix ordinaires de l'Hydroftatique ; mais elle préfente une marche tout à fait finguliere , & qui jufqu'ici a fort embarraffé les Phyficiens.

1°. Si on met dans l'eau un des bouts d'un tube capillaire ouvert des

deux côtés, l'eau montera dedans &
y restera suspendue ; si l'on en plonge
plusieurs de différents diametres ,
l'eau montera plus haut dans les plus
petits , & dans tous au-dessus du
niveau.

2°. Si les tubes sont plongés dans
un bassin de mercure , le vif-argent
s'élevera moins dans les tubes que dans
le bassin , autrement restera au-dessous
du niveau.

3°. Si l'on enduit l'intérieur des tubes d'une légere couche de suif, la
liqueur, quelle qu'elle soit , dans laquelle on les plonge, montera précisément jusqu'au niveau du bassin : cette
derniere expérience est la seule con-
forme aux loix de l'Hydrostatique ,
& les tubes capillaires n'y sont rame-
nées que par la couche de suif : il
faut donc que ce soit ou les aspérités
des parois , ou quelqu'autre cause qui
ait du rapport avec les parois de ces
tubes , qui produisent les deux ex-
ceptions précédentes.

Parmi les Physiciens, les uns ont
eu recours à une pression inégale de
l'air. L'air , ont-ils dit, est composé
de parties rameuses , spongieuses , en-
tremêlées & embarrassées les unes

dans les autres : ainsi une colonne d'air qui pese sur l'ouverture supérieure d'un tuyau capillaire, exerce une partie de sa pression sur les parois de la surface du tuyau, & une partie d'autant plus grande, que le trou sera plus petit : la liqueur est donc moins arrêtée vers l'orifice supérieur, & conséquemment elle doit monter plus haut en vertu de la pression ordinaire qui agit sur le bassin. Mais cette explication est évidemment fausse, d'abord parce qu'elle devroit avoir lieu pour un tube capillaire enduit de suif, comme pour tout autre ; en second lieu, parce qu'il est certain que l'ascension irréguliere des liqueurs dans les tubes capillaires se fait dans le vuide de la Machine Pneumatique comme en plein air ; en troisieme lieu, parce qu'une fêlure imperceptible, qui ne soit pas même d'un cinquantieme de ligne dans le tube d'un barometre, suffit pour y introduire de l'air en abondance & précipiter le mercure.

Les autres ont imaginé deux colonnes d'un fluide très-délié & bien plus subtil que l'air ordinaire, dont une gravite très-facilement sur la surface

furface du baffin, & l'autre très-dif-
ficilement fur l'orifice fupérieur du
tube capillaire, avec ces conditions
pourtant que la liqueur ait une certaine vifcofité, & les parois intérieures du tube de petites afpérités :
les afpérités foutiennent la colonne
du fluide ; la vifcofité l'aide encore à
monter, & l'une & l'autre fert de ré-
ponfe à l'expérience de l'enduit du
fuif. Cette feconde explication a des
endroits foibles ; car fi, par exemple,
on adapte un tube capillaire à la phiole
d'un barometre, le mercure y éprou-
vera les mêmes variations que dans
les barometres ordinaires ; & d'ailleurs fi l'on admet ce fluide fubtil,
pourquoi les liqueurs les plus légeres ne font-elles pas celles qui montent le plus haut ? Il eft prouvé que
dans un tube d'un tiers de ligne,
l'eau monte dix lignes au-deffus du niveau, & l'efprit-de-vin, quoique plus
léger que l'eau, ne s'eleve qu'à trois lignes & demie, &c., &c.

Il faut donc employer l'attraction,
c'eft le troifieme parti : mais comment
la faire agir ? On a remarqué qu'une
goutte d'eau, foit ovale, foit irrégu-

II. Partie.   X

liere, séparée d'une grande masse, prenoit aussi-tôt une figure sphérique; que deux gouttes d'eau fort près l'une de l'autre, s'approchoient & se confondoient en une, &c. : ces effets sont attribués à l'attraction qui, dans les petites distances, devient très-grande. En partant de ce principe, voici le raisonnement des Attraction-naires. Les particules d'eau s'attirent mutuellement; mais elles sont plus at-tirées par le verre, qu'elles ne s'atti-rent entr'elles; ainsi les parties d'eau qui se trouvent précisément au-dessous du tube, sont plus attirées vers le haut qu'elles ne l'étoient avant; donc elles deviennent déja plus légeres : en-suite sont-elles entrées dans le tube, qu'attirées de nouveau par les parties supérieures du verre, elles deviennent encore plus légeres : enfin la force at-tractive devient égale au poids à sou-tenir, & c'est ainsi que se détermine la hauteur où l'eau doit se fixer. En-tr'autres particularités qui appuient cette opinion, il en est une frappante; c'est que si l'on applique extérieu-rement une goutte d'eau vers le mi-lieu du tube, elle descend jusqu'à l'orifice inférieur , se détourne pour entrer dans le tube , y entre & monte rapidement : il doit arriver le contraire pour le mercure , parce que comme il est plus dense , ses parties s'attirent plus qu'elles ne sont attirées par le verre ; donc , &c.

NOTIONS

*Sur les différentes especes
d'Air que l'on désigne par le
nom d'Air fixe.*

SI plus d'une fois j'ai prétexté les
bornes étroites d'un *Abrégé* pour ne
pas traiter au long certaines questions
de Physique, y auroit-il de la contradiction à donner un appendix sur
des matieres qui ne font point du res-
fort des examens , & n'entrent point
dans l'usage scholastique ? Je ne le
crois pas ; au moins il me feroit aisé
de me justifier ; car d'abord je me
flatte d'avoir exposé tout ce que la
Physique a de plus essentiel, & tout
ce que l'examen le plus rigoureux peut
rendre nécessaire : mes Notes d'ailleurs font, pour quiconque les voudra lire , un supplément plus que suf-

fifant : en fecond lieu , quoique le Précis que j'ajoute fur les différents airs tienne aux connoiffances Phyfico-Chymiques , j'y fuis autorifé par l'habitude où eft l'Univerfité de Paris de vouloir que ces connoiffances foient développées en grand avec toutes les manipulations qu'elles demandent dans les Cours de Phyfique Expérimentale. Mon apologie , fans doute , feroit complette ; mais je vais plus loin , & j'ofe me promettre qu'en général je ferai plaifir à mes Lecteurs ; j'en ai pour garants le vif intérêt , l'enthoufiafme qu'ont produits les brillantes découvertes des Globes Aëroftatiques. Peut-on , en effet , aujourd'hui fe paffer des notions abfolument néceffaires , pour parler pertinemment , du Gaz inflammable , des Ballons , de la maniere de diriger ces Meffageries aëriennes , des avantages & des dangers qui peuvent rendre cette invention fi précieufe , ou faire regretter qu'elle n'ait pu fe perfectionner affez pour être plus utile que curieufe ? Ce que je dirai fur ces fortes d'objets fera donc à propos, du moins les circonftances m'ont paru l'exiger. Mon but n'a point été de faire une differtation fur les Ballons comme fur une chofe de mode ; mais d'établir des principes fuffifants pour en rai- fonner, s'il le faut, pour en fuivre l'hiftoire & les progrès ; en un mot, pour y voir autre chofe que la forme ronde, & tout ce qui, aux yeux de la multitude, les rend autant de Cerfs- volants plus agréables.

DES DIFFÉRENTES ESPECES

D'AIR FIXE.

L'AIR que nous respirons se nomme air naturel, air ordinaire, air athmosphérique ; c'est un fluide délié, rare, invisible, qui s'insinue dans les pores de toutes les substances matérielles, anime ou retarde leurs mouvements, leur donne différentes impressions, différentes modifications extérieures, sans en être un principe intérieur & constitutif ; il s'échappe de l'œuf, de la pomme, &c., sous le récipient de la Machine Pneumatique, & ces objets ne se détruisent point pour en être privés ; en un mot, il leur est absolument étranger. Mais les Chymistes ont depuis long-temps découvert par leurs Analyses qu'une autre espece de fluide entre pour beaucoup das la combinaison des parties essentielles qui constituent les mixtes ; ce fluide, très-expansible de sa nature, fut d'abord nommé *spiritus*, *gas.*

X 4

ou *gaz sylvestre* ; mais voyant qu'il se préſentoit conſtamment ſous une forme aërienne, on lui donna le nom d'*air* ; & comme il eſt dans un état de concrétion, d'aggrégation, coagulé, pour ainſi dire, & *fixé* tant qu'il eſt retenu par les parties intérieures des corps, de maniere que ſa force expanſive eſt captivée & enchaînée, on l'appella *air fixe* ; cette dénomination générique marque ſon état, & non ſa nature.

Parmi les différents moyens de le dégager de ſes entraves, le plus ordinaire & le plus facile eſt l'*effervesçence* ; on verſe un acide en liqueur ſur une terre calcaire, ou ſur diverſes ſubſtances, ſoit métalliques, ſoit animales, ſoit végétales ; il s'éleve auſſi-tôt un mouvement tumultueux qui diſſout ces matieres, les décompoſe, & en fait ſortir le fluide qu'elles contiennent, autrement l'air fixe ; & parce que ſes propriétés varient ſelon la nature de la ſubſtance d'où il ſort, & l'eſpece d'acide que l'on emploie, on a diſtingué différentes ſortes d'air fixe ; l'*air fixe proprement dit*, l'*air nitreux*, l'*air inflammable*, l'*air déphlogiſtiqué*, &c.

DE L'AIR FIXE

PROPREMENT DIT.

VERSE-T-ON de l'acide vitriolique allongé d'eau fur une certaine quantité de craie groſſiérement broyée & renfermée dans un matras, il s'excite auſſi-tôt un mouvement violent ; l'air fixe recelé dans la craie briſe ſes liens, s'échappe, ſe porte au haut du vaiſſeau, & paſſe par un tube communiquant dans un autre vaſe de la forme & de là matiere que l'on veut. Comme la manipulation en eſt auſſi ſimple que curieuſe, je vais la décrire ; elle ſera facilement ſaiſie avec la Figure gravée ſur la Planche VIII.

Suppoſons une cuvette AB pleine d'eau juſqu'à quelques lignes de ſon bord (on ſera toujours le maître d'en faire ſortir la quantité que l'on voudra par le robinet R) ; que ſur une partie de ſa ſurface il y ait une planche horizontale, un peu enfoncée dans l'eau, avec une échancrure E & un trou T; on prendra un flacon M dans lequel sera la craie broyée, on adaptera à son orifice un tube de verre recourbé bcd, qui à sa partie b traversera un bouchon mastiqué, & entrera par son extrémité d dans le gouleau d'un autre flacon V posé sur l'échancrure dans quelques lignes d'eau; cet appareil étant construit, on versera dans le flacon M l'huile de vitriol avec une burette, & par un petit trou t percé sur l'épaule du flacon; dès que l'effervescence commencera, on laissera ce petit trou débouché quelques instants pour laisser partir la premiere vapeur d'air fixe, parce qu'étant mêlée avec l'air athmosphérique dont le flacon étoit plein, elle n'est pas assez pure pour être mise en usage (1);

---

(1) On est averti de la sortie de l'air athmosphérique par un petit sifflement qui cesse dès qu'il ne sort plus.

On pourroit remarquer que dans l'acide coupé d'eau il entre aussi de l'air ordinaire; il est vrai, mais si peu que, comparé à la quantité d'air fixe qui se produit, on doit le compter pour rien.

puis on le bouchera avec un morceau de maſtic ou de cire molle,
pour ne le rouvrir que quand il faudra
verſer de nouveau quelques gouttes
d'acide qui raniment l'opération (1);
l'air fixe, pouſſé dans le tube par le
mouvement de la diſſolution, paſſera
dans le flacon V que l'on aura eu ſoin
de remplir d'eau; il déplacera cette
maſſe d'eau, la précipitera avec l'air
athmoſphérique, & remplira en peu
de temps toute la capacité du vaſe
après avoir rendu ſon paſſage ſenſible par des bulles claires & diapha-
nes. Un premier flacon eſt-il rempli,
on en remplit un ſecond, un troiſieme, &c., ſelon le beſoin qu'on en
a; mais il faut prendre garde, en
retirant les vaſes pleins, de tenir toujours leur orifice dans l'eau, & de
les y boucher, ſans quoi le produit
ſe perdroit. L'appareil & le procédé
ſont les mêmes pour extraire toutes
les eſpeces d'air; (je ne parle que des
expériences de cabinet). Si l'on veut

(1) Il n'eſt pas à craindre qu'en ouvrant
le trou l'air athmoſphérique n'entre, parce
qu'il eſt arrêté par l'air fixe, plus épais &
plus peſant que lui.

les tranfvafer , il faut d'abord emplir d'eau le vaiffeau dans lequel on veut les introduire , enfuite pofer fon orifice fur le trou T de la planchette , puis amener dans l'eau le vaiffeau qui les contient jufque fous le trou , & dès qu'on les ouvre , ce qu'ils contiennent paffe à travers la maffe d'eau du vafe fupérieur (1).

L'air fixe eft fenfible à toutes les températures de l'air athmofphérique , & fufceptible comme lui de dilatation & de condenfation , mais il en differe finguliérement par plus d'une propriété ; d'abord il eft plus pefant prefque de moitié ; il eft méphitique , & altere par des qualités dangereufes les fubftances qui lui font foumifes ; il fuffoque les animaux qui dans leur refpiration abforbent beaucoup d'air;

---

(1) Quand on veut prendre de l'air athmofphérique , la maniere en eft aifée ; qu'on rempliffe d'eau une bouteille de pinte , par exemple , & qu'enfuite on la répande en renverfant verticalement la bouteille , la couche d'air dans laquelle elle eft s'y introduira ; il n'y aura plus qu'à la conferver , en bouchant la bouteille ; on peut par ce moyen puifer de l'air dans tous les endroits où l'on veut éprouver fa qualité.

ïl plonge dans une efpece d'engourdif-
fement & de léthargie les petits qui
en confument peu , comme les infec-
tes ; il éteint la lumiere & change la
couleur des fleurs ; cependant il fe dé-
compofe lui-même , s'épure & fe réduit à la longue , en agiffant fur les
objets qu'il vicie ; d'ailleurs il en eft
de lui comme des plantes venimeu-
fes , des ferpents & de tout ce qui,
fous un rapport , nous fait redouter
fes influences malignes , c'eft-à-dire,
qu'en le préparant , en l'employant
avec ménagement , il a d'heureux effets , & devient un remede fpécifique pour beaucoup de maladies , telles que le fcorbut , les cancers , & en
général tous les maux qui viennent de
la putridité : la raifon en eft fimple , les fubftances ne fe corrompent
qu'en perdant l'air principe , autrement l'air fixe qui les animoit ; qu'on
s'oppofe à cette diffipation par une
jufte dofe d'air fixe avalé , injecté,
adminiftré fuivant le befoin , on ar-
rêtera les progrès de la putréfaction ;
dans une fubftance vivante , la nature
pourra renouveller les parties , dès
que l'ulcere n'augmentera plus ; dans
une fubftance inanimée , telle qu'un

morceau de chair féparé du corps de l'animal, on ne rappellera pas la fraîcheur, mais au moins on l'empêchera de fe corrompre davantage.

Les cavernes, les mines, les celliers où fermente le vin, les brafferies de bierres, les falles de fpectacles, quand elles font bien remplies, les chambres où l'on couche, &c., &c, contiennent plus ou moins de cet air fixe, dangereux & méphitique; il s'en exhale de notre poitrine, il en fort des plantes, &c. : concluons-en les précautions qu'il faut prendre.

DE L'AIR NITREUX.

LE nom de *nitreux*, donné à l'efpece d'air fixe dont nous avons à
parler, vient de ce qu'on le dégage
des mixtes par le moyen de l'acide
nitreux, qu'on appelle aussi *eau-forte*;
on en tire beaucoup des métaux & du
sucre, & le procédé est le même que
pour l'air fixe proprement dit, si ce
n'est qu'on met ordinairement sous le
matras un réchaud pour faciliter l'effervescence; il s'éleve au haut du récipient, à travers la masse d'eau, sous
la forme de bulles nébuleuses & rou-
geâtres ; plus ces bulles font impé-
tueuses, rouges & obscures, plus l'air
nitreux est actif, fort & pur. Il se raré-
fie & se condense comme l'air ordinaire ; il se combine avec lui, & ac-
quiert par le mélange une vivacité,
une rutilation d'autant plus frappantes
que la combinaison est plus exacte,
& l'air athmosphérique plus pur : aussi
est-il par là même un moyen assez fi-
dele pour juger de la salubrité de l'air

que nous refpirons (1); & l'inftru-
ment propre à faire cette comparai-
fon d'une maniere précife fe nomme
Eudiometre.

Sa pefanteur fpécifique eft à peu
près la même que celle de l'air athmofphérique ; fa qualité méphitique
eft plus forte & plus prompte que
celle de l'air fixe ; il tue fur le champ
les animaux , même ceux qui refpirent peu d'air ; éteint la lumiere, fane
& deffeche les fleurs & les plantes
avec autant de rapidité ; mais par un
heureux retour, il eft auffi, plus que
l'air fixe , *anti-putride.*

----

(1) Il faut néanmoins obferver que l'air
nitreux n'étant pas toujours le même , &
l'air athmofphérique contenant une infinité
de molécules hétérogenes qui fans ceffe font
varier fa force & fon reffort , on ne doit
pas s'attendre conftamment aux mêmes ré-
fultats.

DE L'AIR INFLAMMABLE.

L'AIR *inflammable* eſt un fluide ainſi nommé parce qu'il eſt ſuſceptible d'inflammation & d'exploſion; ce n'eſt pas d'aujourd'hui qu'il eſt connu, & que l'on a étudié ſes propriétés; mais les nouvelles applications que l'on en a faites l'ont rendu plus célebre & plus intéreſſant : les cheveux parmi les ſubſtances animales, la noix de galle pilée dans le regne végétal, le charbon, ſoit végétal, ſoit foſſile, l'eſprit-de-vin rectifié, l'éther vitriolique, & beaucoup d'autres matieres ſimples ou mélangées, le fer, le cuivre, l'étain, le plomb, & ſur-tout le zinc, en général toutes les ſubſtances métalliques, le limon des rivieres, des foſſés, des marais & de toutes les eaux croupiſſantes, produiſent de l'air vraiment inflammable; mais la maniere de le dégager de toutes ces ſources eſt tantôt trop diſpendieuſe, tantôt trop longue, & ſouvent dégoûtante; il n'eſt pas d'ailleurs par-tout également pur, également léger; le

II. Partie. Y

meilleur eſt celui des métaux , & l'on
en tire un réſultat avantageux de la
limaille de ſer miſe en efferveſcence
avec de l'acide vitriolique ou de l'a-
cide marin allongés d'eau ; c'eſt là le
procédé ordinaire ; il eſt plus ſimple ,
moins rebutant & plus prompt ; cependant il entraîne de grandes dépenſes & beaucoup de peines , quand il
ſe fait en grand , & que l'on veut ſe
procurer une quantité d'air conſidé-
rable (1). On a ſoin de laiſſer partir

---

(1) Quoique celui de la fange des rivieres , des foſſés & des marais ne ſoit pas ſi
propre aux expériences , il peut-néanmoins
ſervir , & la maniere de le tirer eſt on ne
peut plus aiſée ; on n'a qu'à prendre une
bouteille ordinaire , la boucher avec un bouchon de liege , faire paſſer à travers le bouchon la queue d'un entonnoir , remplir
d'eau la bouteille & l'entonnoir , enfoncer
un bâton dans l'endroit le plus noir & le
plus limonneux du bord de la riviere ou du
marais pour en agiter la boue , renverſer
auſſi-tôt la bouteille armée de ſon entonnoir , & pleine d'eau , ſur les trous qu'a
fait le bâton , l'air inflammable qui s'en
échappe montera dans l'intérieur du vaſe
à travers la maſſe d'eau , & quand on verra
qu'il n'y a plus d'eau dans la bouteille , il
faudra en détacher l'entonnoir , & la fermer exactement avec un autre bouchon , ou

dans l'athmofphere la premiere vapeur qu'excite la diſſolution, parce que ce n'eſt qu'un mêlange impur d'air inflammable & d'air ordinaire ; dès que ce qui ſort devient fétide, il faut fermer le trou du matras, car la mauvaiſe odeur annonce que c'eſt de véritable air inflammable.

Ce fluide eſt, comme l'air athmoſphérique, diaphane, élaſtique, ſuſceſptible de dilatation & de condenſation ; mais il en differe ſinguliérement, 1°. par l'odeur forte, fétide & pénétrante qu'il répand ; 2°. par ſa grande légéreté ; car il eſt près de huit fois plus léger ; 3°. par ſa qualité méphitique qui eſt extrême ; il ſuffoque

---

couvrir ſolidement le pavillon de l'entonnoir, mais en tenant toujours l'orifice plongé dans l'eau, pour empêcher l'air athmoſphérique d'entrer ; ſi l'on veut faire paſſer l'air inflammable de la bouteille dans un autre vaſe, il faut, comme nous l'avons déja obſervé pour les autres airs fixes, mettre le gouleau de la bouteille ſous un trou au-deſſus duquel ſera l'orifice de l'autre vaiſſeau que nous ſuppoſons toujours rempli d'eau. Il n'en eſt pas ainſi d'un globe ; mais on en extrait le plus qu'il eſt poſſible l'air qu'il renferme, en le ployant & le tordant avec force.

à l'inftant les animaux qui le refpirent, éteint les bougies, les charbons, les morceaux de bois & toutes les fubftances embrafées : que l'on ne croie pas que ce dernier phénomene foit une contradiction à fon *inflammabilité*; car quand on dit qu'il eft inflammable, & ce nom lui convient, il faut favoir qu'il ne l'eft pas en lui-même, & par fa nature, mais feulement par fon contact avec l'air athmofphérique, contact qui doit être étendu & confidérable pour que l'inflammation foit accompagnée d'une détonation ; or quand on plonge des matieres embrafées dans l'athmofphere de l'air inflammable, on en exclut l'air athmofphérique, & partant il ne s'en fait aucune combinaifon qui puiffe l'enflammer fans bruit ou avec une explofion plus ou moins violente. Sa flamme eft de différentes couleurs, felon qu'il eft combiné avec l'air naturel, & quoiqu'elle paroiffe rare, elle eft néanmoins très-active; on peut le conferver fort long-temps dans des vaiffeaux bien fermés, & faits d'une matiere imperméable à l'air de l'athmofphere. C'eft fans doute à la qualité inflammable de ce gaz qu'il faut rapporter une infi-

nité d'événements qui autrefois paroif-
foient des prodiges. Les mines, les
terrains marécageux, les fontaines,
les cimetieres, en général tous les endroits, foit dans l'intérieur, foit fur
la furface de la terre, qui en produi-
fent de fortes exhalaifons, doivent
très-fouvent être remplis de feux de
toutes efpeces de couleurs, & accom-
pagnés d'explofions foudroyantes,
parce que ces exhalaifons s'échappent
avec violence, & fe combinent différemment avec l'air athmofphérique;
on peut le prouver par une expérience qui n'eft nullement effrayante, qui
même eft fort curieufe, & très-agréa-
ble : fi fur le bord fangeux d'un marais, d'un foffé ou d'une riviere on
fait plufieurs petits trous avec un bâton, & que fur le champ on en appro-
che une bougie allumée, la flamme fe
communiquera aux jets d'air inflammable qui fortent, & voltigera de
creux en creux.

DES GLOBES

AEROSTATIQUES.

IL y a deux manieres d'animer ces nouvelles machines dont le spectacle nous a été donné l'année derniere 1783 ; la premiere est celle qu'ont employée MM. de Montgolfier, c'est-à-dire, une grande raréfaction du volume d'air enfermé dans le globe ; ces deux respectables freres, qui jouissent en commun des fruits de leur vertu & des éloges dus à leur mérite, observoient depuis long-temps, d'un œil vraiment physicien, la marche des nuages, leur ascension, leur dépression & leurs balancements ; ils en trouvoient la cause dans un air très-dilaté, dans des vapeurs dissoutes & raréfiées qui donnent à ces masses énormes une grande légéreté spécifique : ils en conclurent hardiment qu'il étoit possible aux hommes de circonscrire dans une enveloppe une quantité d'air plus ou moins volumineuse à laquelle ils communiqueroient un degré d'expansion, de ressort & de force suffisant pour la rendre moins pesante que la couche de l'athmosphere où elle seroit plongée, & la forcer conséquemment de s'élever dans les régions supérieures. Ces idées ont peut-être été naturelles & familieres à plus d'un Physicien; mais peu d'hommes savent passer de la spéculation la plus féconde à l'application, souvent même la plus simple, & c'est en quoi consiste le mérite des découvertes; celle-ci, d'ailleurs demandoit, outre le génie Physicien, du courage, de la hardiesse & des essais que mille circonstances pouvoient faire abandonner. MM. de Montgolfier connoissoient l'air inflammable; ils savoient que son extrême légéreté le rendoit très-propre à élever non-seulement un globe d'une enveloppe délicate, mais même des poids considérables; plus d'une fois ils avoient exécuté en petit, & dans leur laboratoire, les grandes expériences qui ont eu pour théatre le champ de Mars & le Jardin des Tuileries, pour spectateurs presque tous les habitants de Paris; mais il falloit une grande provision de gaz, & Annonay ne leur fournissoit pas assez de moyens; d'ailleurs ils vouloient imi-

ter la nature, & former fur les mêmes principes, par les mêmes matieres, avec les mêmes agents, des nuages factices ; ils fe déterminerent donc
à envelopper une maffe d'air athmofphérique qu'ils dilaterent par un feu
clair, ardent & fans fuméé, fait avec
de la paille & de la laine hachée ; ces
aliments produifoient à la vérité des
vapeurs, des parties huileufes & hétérogenes ; mais elles fe combinoient
avec la maffe d'air, fe décompofoient
& fe raréfioient avec elle comme la
matiere des nuages ; ils parvinrent enfin
le 5 Juin 1783, à élever dans les airs
un globe de 110 pieds de circonférence, & du poids de 500 livres.
Voilà le premier pas, le plus difficile
fans doute, & il n'eft plus queftion
que de trouver toutes les conféquen-
ces de cette heureufe application d'un
principe connu de tout le monde. Le
19 de Septembre M. de Montgolfier
le jeune fit partir à Verfailles, en pré-
fence du Roi & de toute la Famille
Royale, une autre machine en forme
de fphéroide, & dont la hauteur étoit
de 57 pieds fur 41 de diametre ; 50
livres de paille brûlée auroient fuffi
pour l'animer & la tranfporter aux
plus.

plus hautes diſtances ; mais un coup
de vent en déchira la partie ſupérieu-
re, & après avoir été rapidement re-
couſue, elle ne put ſe remplir qu'avec
80 livres de paille & 5 livres de laine
hachée : elle n'eut pas, ſans doute, le
ſuccès que l'on en devoit attendre ; cependant elle reſta 8 minutes en l'air,
& parcourut un eſpace horizontal de
1700 toiſes.

Ces belles expériences devoient ſû-
rement intéreſſer la curioſité ; accou-
tumés à voir tous les corps ſe précipiter ſur la ſurface de la terre, ſuivant
les loix générales de la peſanteur, les
ſpectateurs ne pouvoient ſe défendre
d'un vif ſentiment d'admiration, le
contraſte étoit trop frappant, & le
ſpectacle trop nouveau ; mais il y man-
quoit encore un degré d'intérêt, il
falloit que des hommes puſſent planer
ſur la tête de leurs ſemblables, contempler du haut des airs le ſol auquel
ils avoient été comme eux attachés par
l'ordre trop puiſſant de la Nature, em-
braſſer d'un coup d'œil toutes les parties d'un plus vaſte horizon, voir ſe
rapprocher & ſe confondre toutes ces
diſtances qui ſéparent les villes, les
pays & les peuples, en un mot enri-

chir leur ame de fenfations nouvelles & inconnues au refte des mortels. Ces hommes hardis furent MM. le Chevalier d'Arlandes & Pilatre de Rofier ; plus ftimulés par leur curiofité qu'effrayés des dangers de leur nouvelle carriere, ils monterent le 21 de Novembre fur la galerie d'un fphéroïde de 70 pieds de hauteur & de 46 de diametre, qui s'éleva du Jardin de la Muette, & porta fans le moindre accident les deux voyageurs au-delà des remparts oppofés de la ville. L'attention continuelle qu'il falloit pour entretenir le feu, les juftes alarmes que leur cauferent l'athmofphere du fleuve qu'ils eurent à traverfer, & le relâchement de quelques parties de la machine, l'inquiétude d'ailleurs que dut naturellement leur donner la nouveauté de cette marche ; tous ces motifs les empêcherent de faire les obfervations que leur eût permifes une fituation plus ordinaire & plus tranquille ; mais on ne peut trop admirer leur intrépidité : ils ont été les premiers, ils ont frayé la route, & l'on fait qu'il eft plus aifé d'imiter, de furpaffer même un modele que de le propofer.

L'ame de la machine de MM. de Montgolfier eft , comme nous l'avons déja dit, une expanfion , une dilatation la plus grande que l'on puiffe faire dans le volume d'air athmofphérique qu'elle contient , & nullement un gaz particulier ; il eft vrai que les moyens de la raréfaction mêlent à cette maffe d'air beaucoup de particules étrangeres , mais ce mélange n'eft qu'accidentel , & ne change pas plus la nature de cet air que celle de l'air qui eft au fein des nuages , n'eft altérée par tous les ingrédients aqueux , huileux, nitreux, falins , &c. qui s'y mêlent ; il faut pour produire cette raréfaction , un feu le moins chargé qu'il eft poffible de vapeurs & de fumée , parce que ces matieres tendent naturellement à fe condenfer , & par conféquent à rendre la machine plus pefante. Quand on dit qu'on la *remplit*, il faut entendre qu'on la dilate, & fi l'on en voit fortir des efpeces d'exhalaifons par l'ouverture de la bafe , ce n'eft point *le gaz qui s'échappe*, mais ce font les parties craffes & groffieres qui font dégagées & chaffées du volume d'air par la raréfaction ; cette raréfaction,

dans les expériences de MM. de Montgolfier, rendoit l'air intérieur à leurs
machines une fois plus léger que le
volume d'air extérieur auquel il ré-
pondoit ; cette légéreté spécifique
fuffifoit pour l'élever, & plus l'enveloppe étoit vafte, plus il étoit facile
d'en foutenir le poids, & même des
charges furajoutées.

A peine les Papiers Publics eurent-
ils annoncé à Paris le fuccès du premier effai d'Annonay, que, piqués
d'une noble émulation, les Phyficiens
de la Capitale brûlerent de donner le
même fpectacle à leurs concitoyens ;
ils ne connoifloient pas affez le procédé des inventeurs pour ofer s'en
fervir ; ils s'en tinrent donc à ren-
fermer dans un Ballon, de l'air inflammable dégagé de la limaille de fer par
l'huile de vitriol ; il étoit naturel de
penfer que ce gaz dont l'étonnante légéreté avoit été mille fois calculée,
pourroit, & devoit même produire
le phénomene dont le *fait* étoit déja
conftant ; on tenta l'expérience au
Champ de Mars, le 26 d'Août, avec
un Globe de taffetas gommé qui avoit
12 pieds de diametre ; les Démonf-
trateurs, avec moins de mérite & de

gloire, eurent l'avantage d'opérer devant un nombre de témoins qu'Annonay n'eût pu contenir , & ce fut aux yeux d'une immense assemblée que leur Globe fut porté en deux minutes à 488 toises de hauteur ; il ne se soutint que trois quarts-d'heure en l'air , & parcourut un espace horizontal de 5 lieues. Le succès eût été plus heureux si , en voulant lui donner une forme bien arrondie, on ne l'eût trop rempli d'air inflammable ; car son expansion & l'inégale pression de l'air extérieur le firent crever & tomber près de Gonesse. Bientôt après Paris ne vit plus que des Ballons sur sa tête ; mais l'exemple des deux premiers *Aëronautes* avoit fait trop d'impression pour n'être pas suivi , & il paroissoit en même temps plus dangereux de confier des hommes à un Globe d'air inflammable qu'à l'Aërostat de MM. de Montgolfier, parce que l'on pouvoit à son gré augmenter ou diminuer la raréfaction, & que l'on n'étoit pas maître d'un gaz inflammable bien enfermé ; l'idée ingénieuse d'une soupape par laquelle on pût à volonté faire sortir du gaz, & dominer ainsi l'élévation du Globe, fut proposée , saisie , & devint un

moyen presque sûr de tenter un second voyage ; le premier de Décem-
bre un nouveau Globe élégamment
décoré s'éleva du Jardin des Tuileries avec une grace étonnante, &
en laissant aux spectateurs tout le
temps de le contempler , de le
suivre des yeux , & de calculer sa
marche ; son équateur soutenoit par
des cordages un char brillant dans
lequel étoient portés deux rivaux de
MM. le Chevalier d'Arlandes & Pilatre de Rosier ; un soleil pur , un
athmosphere tranquille , une nature
embellie pour ainsi dire exprès , se-
conderent les généreux efforts de M
Charles , & son expérience fut sans
contredit la plus belle , la plus ma-
jestueuse , la plus éclatante que l'œil
puisse desirer. Les deux voyageurs ,
après neuf lieues de promenade, des-
cendirent à Nesle ; mais M. Charles
enivré des plaisirs qu'il venoit de goû-
ter , & se livrant à tout son enthou-
siasme , remonta seul dans son char ,
& se laissa emporter à une prodigieuse
hauteur : ce fut alors qu'il vit ce que
nul œil n'avoit vu ; qu'il éprouva ce
que jamais le cœur de l'homme n'avoit
senti , que son ame fut dilatée , & le

trésor de ses sensations augmenté d'une maniere indicible ; c'est au moins ce qu'il raconte.

Voilà les deux méthodes sur lesquelles sont fondées l'ascension & la marche des Machines Aërostatiques. Demande-t-on laquelle est préférable ? La réponse n'est pas très-aisée , parce que les avantages & les inconvénients paroissent assez se contre-balancer. Dilater avec le feu une plus ou moins grande masse d'air athmosphérique , est certainement une opération très-simple & fort peu dispendieuse ; il faut , au contraire , des frais énormes , des peines & des fatigues extrêmes pour remplir d'air inflammable un vaste globe. Mais le feu a ses dangers ; les parois de l'enveloppe , trop échauffées , peuvent s'enflammer ; il s'y forme une suie légere , à la vérité , néanmoins très-combustible , & les plus foibles étincelles de paille peuvent l'atteindre : d'ailleurs , il faut toujours avoir soin que le feu soit clair & pur : or , la paille & la laine ne sont pas encore assez propres à donner une pareille flamme : le bois de sarment est meilleur ; mais il lance des charbons qui pourroient attaquer l'enveloppe. Cependant il eſt poſſible de trouver une matiere qui rende, avec moins de péril, une chaleur plus active & une flamme moins chargée ; il eſt poſſible de garantir l'intérieur du Globe par un vernis inattaquable au feu ; il eſt poſſible enfin de perfectionner les agents, la manœuvre & toute la Machine. MM. de Montgolfier ont des vues très-étendues ; ils ont aſſuré qu'ils connoiſſoient plus d'un moyen de perfection, & leur modeſtie nous empêche d'en douter. L'air inflammable, outre les ſoins & les dépenſes qu'il entraîne, ne peut reſter long-temps dans un Ballon, ſi l'enveloppe eſt poreuſe : & où trouver une matiere qui ne le ſoit pas ? Quelque ſerré que ſoit le tiſſu des étoffes les plus parfaites & les mieux travaillées, il n'eſt nullement imperméable, ſoit au gaz, ſoit à l'air : les trous que font les aiguilles les plus déliées ne ſont jamais aſſez bien fermés. Il eſt vrai que l'on connoît d'excellents vernis, tels que la gomme élaſtique, ſuc laiteux d'un arbre qui vient dans le Pérou, le vernis à la *copale* ou *ſuccin* : mais la gomme élaſtique ne ſeche pas facilement ; le

vernis à la *copale* seche au bout de
deux ou trois jours , donne au taffetas
de la soupleffe & du brillant , eft
auffi , dit-on , imperméable à l'air :
mais eft-il à l'épreuve de toutes les
intempéries de l'athmofphere ? On a
rejeté les étoffes pour employer la
peau de *Baudruche* ; c'eft une pelli-
cule qui enveloppe l'inteftin du Bœuf,
& qui eft beaucoup moins poreufe
que le meilleur taffetas ; on l'enduit
d'ailleurs du vernis le plus énergique :
mais cette peau de Baudruche , même
bien verniffée , eft-elle abfolument imperméable ? Non ; quoique plus fer-
rée qu'aucune étoffe poffible , elle eft
poreufe, & nul vernis n'eft inaltéra-
ble : de plus, la peau de Baudruche
deviendra rare à proportion que l'on
augmentera le nombre des Ballons &
qu'on étendra leur volume , & les
Bœufs n'en fourniront plus affez.
Quant à la cherté du gaz inflammable , on peut répondre qu'on en trouve
dans toutes les parties de la Terre ,
& que celui des rivieres , des marais,
des foffés , des cavernes , des mines,
&c. , fans être auffi bon , peut néanmoins fuppléer à celui des métaux ;
mais autre chofe eft qu'il puiffe fer-

vir pour de courtes expériences, &
autre chose qu'il soit propre à soute-
nir un grand Globe pendant un long
voyage. Au reste, le zele, l'activité,
les recherches réunies des Physiciens
peuvent simplifier & les frais & les
peines en assurant la construction des
Globes à l'air inflammable. Que n'a-
t-on pas droit d'attendre quand l'œil
du Souverain fixe les travaux, & que
sa main libérale en récompense les
succès ? Sans doute que si l'on ne
voyoit pas de progrès, c'est qu'ils
seroient impossibles.

Maintenant, dira-t-on, quel peut
être l'usage des Globes Aërostatiques ?
Ne seroient-ils que pour le plaisir des
yeux, ou peut-on en espérer des avantages réels ? Pour répondre à cette
question, il est bon d'observer qu'il se
présente deux especes d'utilité à desirer ; l'une qui ne frappe que peu de
personnes, qui n'intéresse vraiment que
les Physiciens & les Astronomes,
quoiqu'elle s'étende sur toute la société; l'autre qui occupe tout le monde,
& qui donne lieu aux ignorants mêmes
de disserter avec confiance, parce que
plus sensible, plus usuelle, pour m'ex-
primer de la sorte, elle entre plus

dans les idées du Peuple. La premiere feroit de pouvoir étudier & déterminer avec plus de précifion le progrès de la raréfaction de l'air ; de contempler la formation, la fufpenfion, la diffolution des nuages ; de rechercher les caufes exactes de la grêle, de la neige, des vents, & des divers météores aëriens ; de faire ufage du télefcope d'une maniere plus avantageufe, non pas à raifon d'une plus grande proximité des aftres fûrement, mais parce que les rayons n'auroient point à traverfer les vapeurs de l'athmofphere, & à ne venir à nous que par des réfractions qui les affoibliffent, de fuivre les loix de la gravitation jufques aux plus hautes diftances, d'éprouver la force de l'électricité dans les régions du feu, &c., &c. Quelles lumieres ne répandroient pas ces obfervations fur le Barometre, le Thermometre, l'Hygrometre, les Tables d'Aftronomie, l'Electrophore, &c.? Seroit-ce donc une chofe indifférente ? Et doit-on la croire impoffible ? La feconde efpece d'avantages que peuvent procurer les Globes, celle dont on parle tant, celle qui femble être le terme de tous les vœux,

de tous les efforts, de toutes les expériences, c'eft de voyager au milieu
des airs par une direction horizontale.
Que ne feroit-on pas ? Où n'iroit-on
pas ? Que ne porteroit-on pas ? Fran-
chir les déferts brûlants de l'Afrique,
fans offenfer fes pieds par les fables ;
traverfer un pays ravagé par la pefte,
fans craindre d'être atteint de la con-
tagion ; aller à la découverte des travaux, de la fituation, des fecrets de
l'ennemi ; porter des ordres fur les
ailes du vent ; fe parler en fignaux
des contrées les plus reculées ; rele-
ver un vaiffeau échoué fur la côte ;
vérifier le paffage de l'Europe en Amérique, au Nord ; atteindre en quelques minutes la cîme inacceffible de
la plus haute montagne ; jouir du
fpectacle impofant de voir fous fes
pieds ces Royaumes fi floriffants de la
Terre, ces effrayants intervalles des
mers, ces flottes magnifiques, ces
armées fi terribles ; que fais-je ? bâtir
une ville fuperbe fur le fommet des
Cordilleres ; tous ces projets ne feroient qu'un jeu. Mais parmi tous ces
projets, que de brillantes chimeres !
Et qu'il y a loin des fantômes de l'imagination à la plus petite réalité ! Car

d'abord il faut commencer par trouver une méthode sûre pour diriger
dans tous les sens ces voitures si dis-
tinguées , & dont l'idée est si sédui-
sante pour la vanité de l'homme ; or
cette maniere se fera long-temps attendre. Les premiers pas de la Marine
furent , il est vrai , bien timides , bien
foibles , & cependant elle est aujour-
d'hui au plus haut point de la perfection ; oui , sans doute ; mais l'élément
qui porte nos vaisseaux les soutient
par lui-même ; il présente des points
d'appui fermes & vigoureux à l'action
du gouvernail & des rames ; un second fluide enfle les voiles & con-
court à diriger un poids dont l'assiette
est déja sûre ; il ne faut enfin au na-
vire qu'une forme déterminée avec une
grande solidité. Avons-nous ces res-
sources aussi bien établies dans l'air ?
L'artifice qui rend les Globes plus lé-
gers que la couche de l'athmosphere
sur laquelle ils sont portés, est-il une
base comme la densité des eaux de
l'Océan ? Et doit-il être aussi aisé de
se servir de l'air comme point d'appui
contre lui-même , & dans lui-même ,
que d'employer la résistance de l'eau
pour mouvoir un corps qui est à sa

furface ? Je fais que le poiffon nage en tout fens , & que l'oifeau vole où il veut ; mais je fais auffi que ces êtres animés peuvent fe dilater ou fe retrécir , en même temps qu'ils ménagent les coups de leur queue ou de leurs ailes , & que dans les efforts d'un Globe , le volume & la légéreté ne varient point. En conclurois-je qu'il eft impoffible de trouver l'art fi defiré de cette direction en tout fens ? Je m'en garderai bien; je la crois feulement très-difficile , & je doute , qu'en la fuppofant bien parfaite , elle fût auffi féconde qu'on fe l'imagine. Mais je m'apperçois que je fuis déja trop long , au moins plus que je ne voulois l'être ; car je n'ai point eu deffein de faire une differtation. J'ajouterai feulement que fi quelque chofe peut s'oppofer aux progrès de l'intéreffante découverte des Globes Aëroftatiques , ce fera indubitablement le charlatanifme , c'eft-à-dire l'envie de ne faire des expériences que pour les yeux , & comme autant de moyens auffi prompts que certains de s'enrichir , en faifant payer cher le fpectacle & les frais des décorations. Eft-il poffible de fuivre tout le fil des combinaifons , d'obferver fcrupuleufement les effets, de calculer avec toute la rigueur de la Géométrie, les avantages & les inconvénients d'un effai, lorfqu'inquiété par les alarmes d'une fouf-cription, preffé par l'impatience d'un Public curieux qui date le commen-cement des opérations, & fe croit trompé fi elles n'aboutiffent au terme prefcrit, on n'eft occupé que de lui procurer au jour nommé, dans les formes de la convention & pour les avances qu'il a faites, l'amufement qu'il demande? Que les travaux foient concentrés dans le cercle des vérita-bles Phyficiens, des Calculateurs modeftes, des Obfervateurs définté-reffés, & ils feront marqués par des fuccès, moins brillants peut-être, moins éblouiffants; mais plus fa-vants, plus raifonnés & plus foli-des. Le cercle eft bien étroit, il eft vrai; nous en ferons dédommagés par une plus forte union de lumieres.

Fin de la feconde & derniere Partie.

A ROUEN. De l'Imp. d'OURSEL, Imprimeur ordinaire du Roi. 1784.

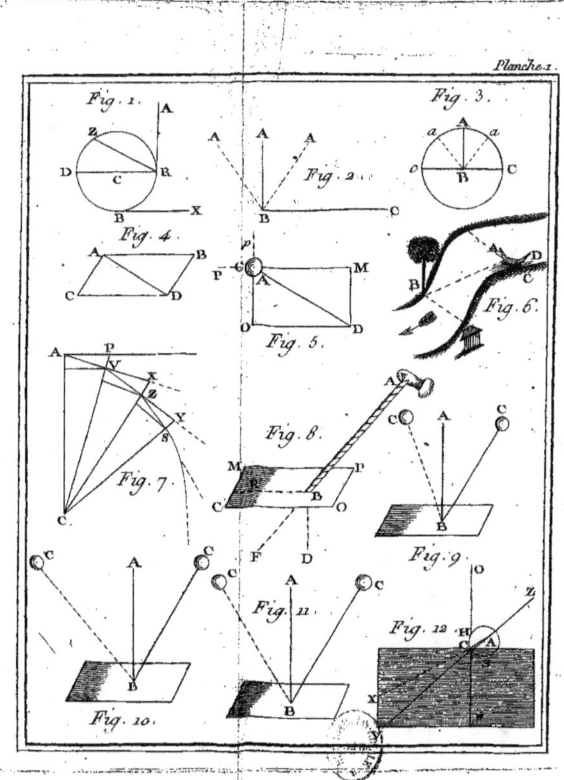

Planche.1.
Fig. 1.
Fig. 2.
Fig. 3.
Fig. 4.
Fig. 5.
Fig. 6.
Fig. 7.
Fig. 8.
Fig. 9.
Fig. 10.
Fig. 11.
Fig. 12.

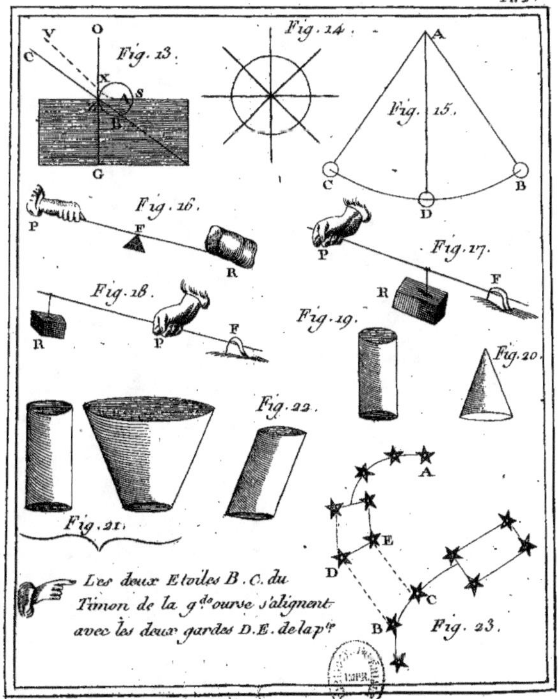

Pl. 2
Fig. 13.
Fig. 14.
Fig. 15.
Fig. 16.
Fig. 17.
Fig. 18.
Fig. 19.
Fig. 20.
Fig. 21.
Fig. 22.
Fig. 23.
V
O
C
X
A
s
B
G
A
C
D
B
P
F
R
P
R
F
R
P
F
A
E
D
C
B
Les deux Etoiles B.C. du
Timon de la g.de ourse s'alignent
avec les deux gardes D.E. de la p.re

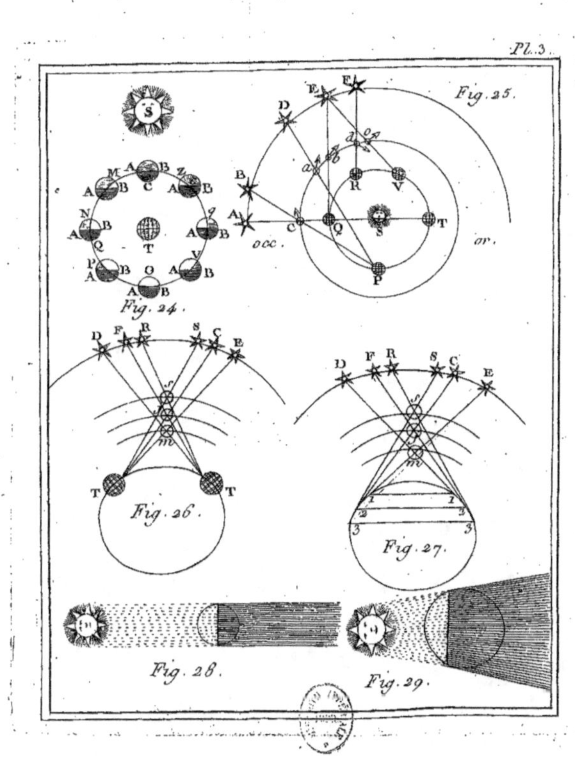

Pl. 3.
Fig. 25.
Fig. 24.
Fig. 26.
Fig. 27.
Fig. 28.
Fig. 29.

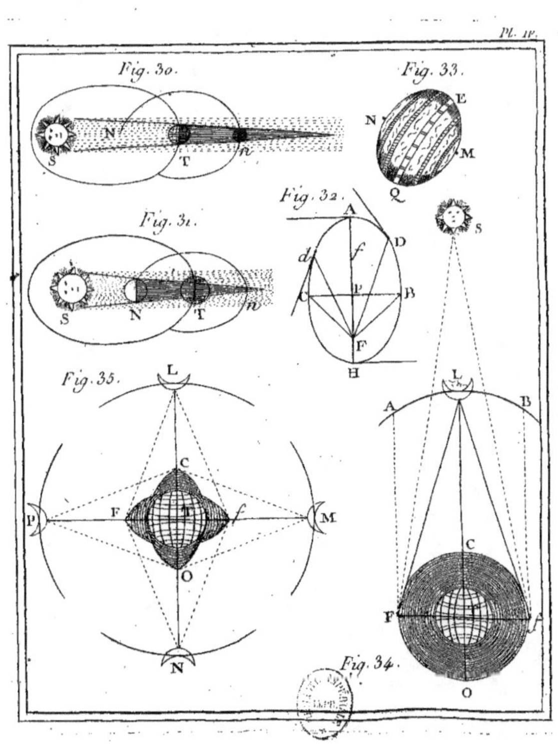

Fig. 30.
Fig. 33.
Fig. 31.
Fig. 32.
Fig. 35.
Fig. 34.
S
N
T
n
N
E
M
Q
A
D
d
f
C
P
B
F
H
S
L
C
F
f
P
M
O
N
A
B
L
C
F
E
F
O
S

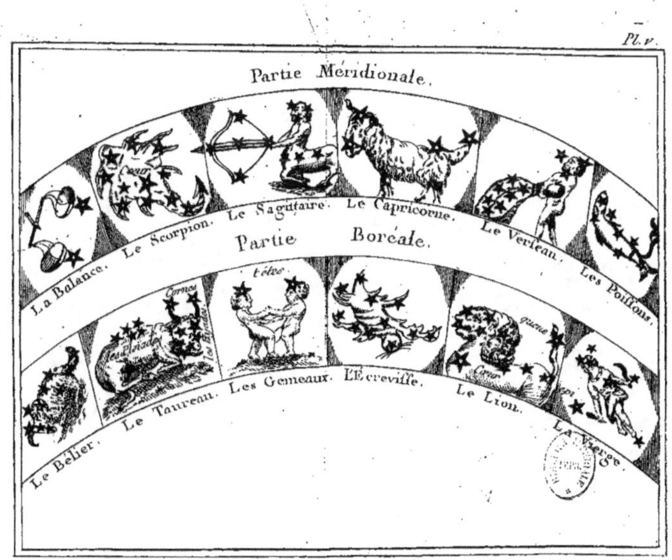

Partie Méridionale.
La Balance.
Le Scorpion.
Le Sagittaire.
Le Capricorne.
Le Verseau.
Les Poissons.
Partie Boréale.
tête
Cornes
Les Pleiades
Le Bélier.
Le Taureau.
Les Gemeaux.
L'Ecreviffe.
Le Lion.
queue
La Vierge.

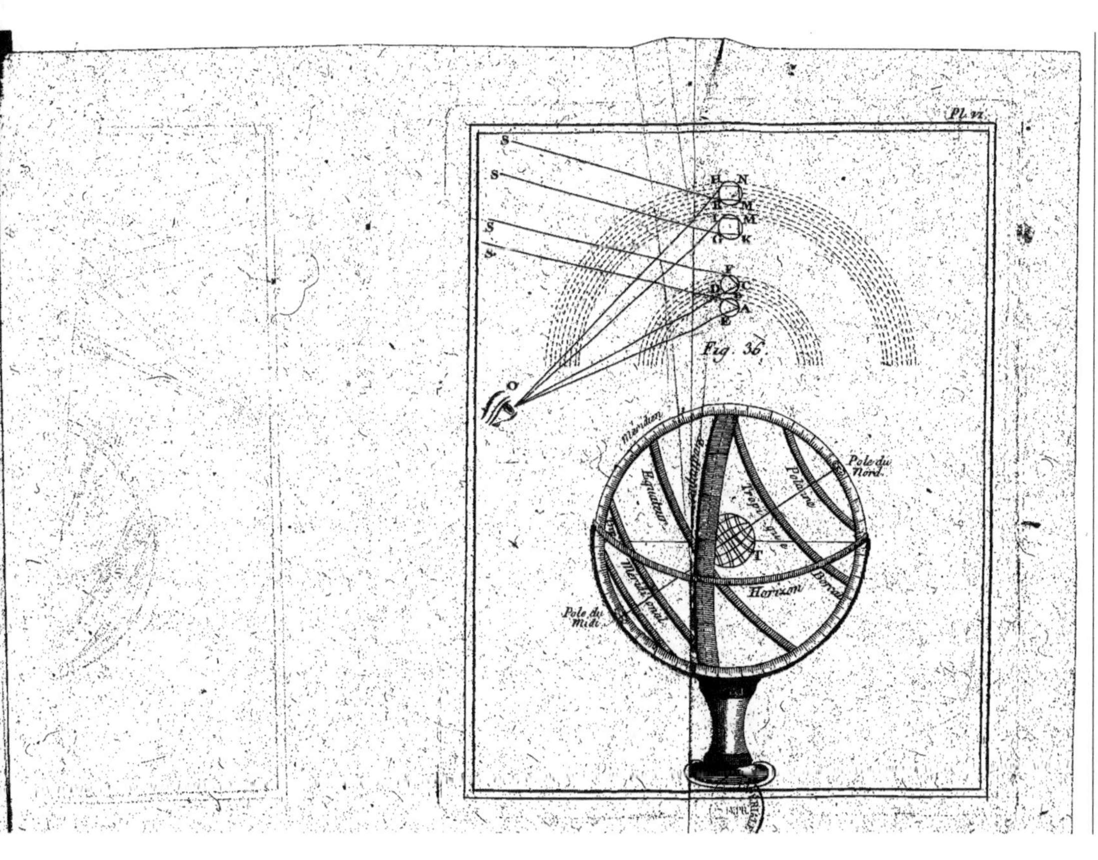

Pl. VI.
S
S
S
S
H N
I M
L M
G K
F C
D C
B A
E
O
Fig. 36.
Méridien
Equateur
Colure
Polaire
Tropique
Pole du Nord.
Horizon
Boréal
T
Méridional
Pole du Midi.

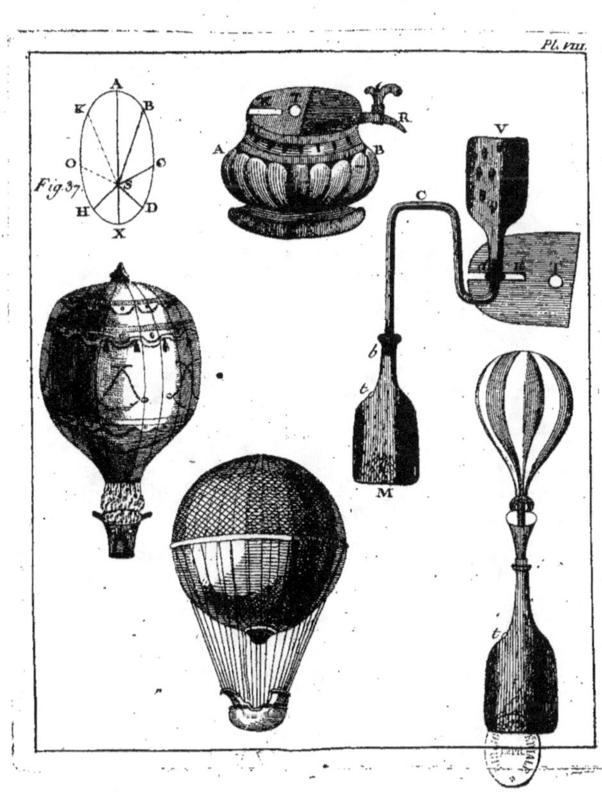
A
K
B
O
O
Fig.37
S
H
D
X
A
R
B
V
C
b
t
M
t

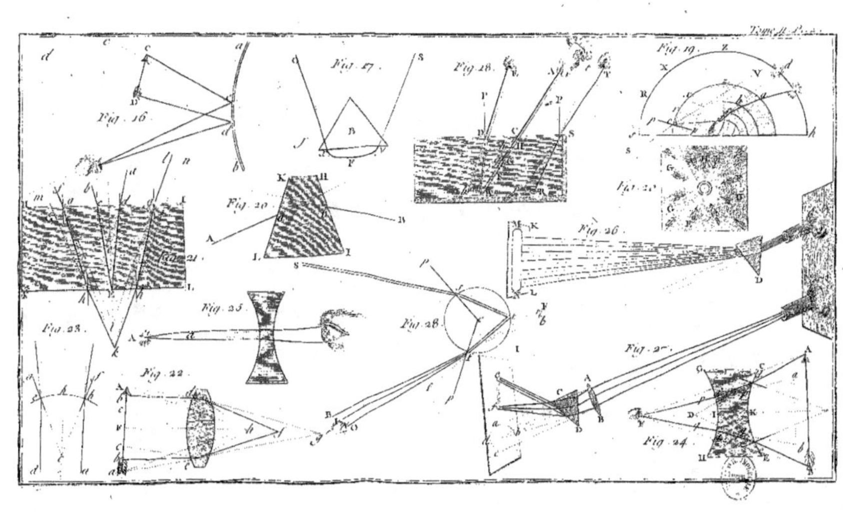